中华人民共和国史小丛书

主　　编丨朱佳木
执行主编丨武　力

新中国70年城乡人口流动

宋学勤　著

北京出版集团
北京人民出版社

图书在版编目（CIP）数据

新中国 70 年城乡人口流动 / 宋学勤著. — 北京：北京人民出版社，2020.12
（中华人民共和国史小丛书）
ISBN 978-7-5300-0506-4

Ⅰ. ①新… Ⅱ. ①宋… Ⅲ. ①人口流动—研究—中国—现代 Ⅳ. ①C924.24

中国版本图书馆CIP数据核字（2020）第223881号

中华人民共和国史小丛书
新中国 70 年城乡人口流动
XINZHONGGUO 70 NIAN CHENG-XIANG RENKOU LIUDONG
宋学勤 著

*

北 京 出 版 集 团 出版
北 京 人 民 出 版 社
（北京北三环中路 6 号）
邮政编码：100120
网　　　址：www . bph . com . cn
北 京 出 版 集 团 总 发 行
新 华 书 店 经 销
三 河 市 双 峰 印 刷 装 订 有 限 公 司 印刷

*

148 毫米 ×210 毫米　　6.25 印张　　100 千字
2020 年 12 月第 1 版　　2023 年 8 月第 2 次印刷
ISBN 978 - 7 - 5300 - 0506 - 4
定价：38.00 元
如有印装质量问题，由本社负责调换
质量监督电话：010 - 58572393

序

　　"中华人民共和国史小丛书"是为响应党中央关于在党员干部和广大群众特别是青年学生中加强新中国史学习、开展新中国史教育与宣传的号召，由中国社会科学院当代中国研究所和北京出版集团联合编辑出版的一套新中国史普及读物。

　　中华人民共和国史是指1949年中华人民共和国成立后，中国版图之内的社会与自然的历史。它上承中国近代史，是中国的现代史、当代史，或者说是中国历史的现代部分、当代部分。这一历史至今已有70年，目前仍在继续向前发展。它是中国有文字记载以来的历史中，真正由人民当家作主，且社会最稳定、民族最团结、国力最强盛、人民生活最富裕、经济和科技进步最快的时期。

　　早在新中国成立后不久，便有人研究和撰写新中国史，但严格意义上的新中国史编研，应当说始于中共十一届三中全会后对建国以来若干重大历史问题的总结。从那时起，党和国家陆续编辑出版了大量有关新中国史的文献书、资料书，成立了专事编研新中国史的当代中国研究所和各地编研当地当代史的机构，建立了全国性的新中国史工作者的社会团体和许多学术平台，产生了不胜枚举的新中国史学术成果，也涌现出为数众多的新中国史编研人才。所有这些，都为新中国史编研的持续开展提供了必要条件，奠定了坚实基础。

党的十八大以来，以习近平同志为核心的党中央，对新中国史的学习、研究、宣传给予了前所未有的高度重视。习近平每当讲到党史时，往往把它与新中国史并提。他强调："学习党史、国史，是坚持和发展中国特色社会主义、把党和国家各项事业继续推向前进的必修课。""要认真学习党史、国史，知史爱党，知史爱国。"

2019年3月"两会"期间，习近平在参加全国政协社会科学界与文艺界委员联席会时进一步指出，我们国家在过去70年里发生了翻天覆地的变化，希望大家深刻反映新中国70年来党和人民的奋斗实践，深刻解读新中国70年历史性变革中所蕴藏的内在逻辑，讲清楚历史性成就背后的中国特色社会主义道路、理论、制度、文化优势，更好地用中国理论解读中国实践，为党和人民继续前进提供强大精神激励。

同年7月，中共中央"不忘初心、牢记使命"主题教育领导小组又专门就认真学习党史和新中国史的工作印发通知，要求各地区、各部门、各单位把学习党史、新中国史作为主题教育的重要内容。

党中央对新中国史学习与宣传教育的高度重视，为新中国史编研的进一步开展创造了良好的社会环境，也大大提高了社会对新中国史的关注度和对新中国史书籍的需求。本丛书就是在这种大背景下策划和推出的。

本丛书以展示新中国历史发展的主题、主线、主流、本质为宗旨，以新中国的典章制度和重要事件、人物以及事业发展、社会变迁、历史成就为内容，以新中国史学科的专家、学者为依托，以中等以上文化程度的读者为对象，以学术性、准确性、通俗性相结合为原则，以记叙文为文体，每本书只记述一件事或一个人物，字数一般在10万字左右。

新中国史的内容极为丰富，应写、可写的题目非常之多，但囿于编委会能力所限，第一批书目仅列了100种，计划每年推出10—20本，在五六年内出齐。今后如有可能，我们将会继续编辑出版。

今年是中华人民共和国成立70周年，我们谨以本丛书向70周年大庆献礼，祝愿我们的伟大祖国不断繁荣昌盛，从胜利走向新的胜利！

朱佳木

2019年9月1日

目 录

前　言

　　农民进城问题在不同时代有不同的特点与表现形式。

　　新中国成立之后头3年，工业和农业都处于恢复阶段，城市与乡村相互之间的拉力和推力都不足，这一时期城乡之间的人口流动相对自由有序。因为新政权建设伊始，百废待兴，城乡都面临战后重建和经济恢复与发展的重要问题，城市和乡村都需要大量的劳动力，因而城市的拉力和乡村的拉力都同步增强，推力相应减弱。由于遭受战争严重破坏，城市居民的生活条件尽管比农民的生活条件略好，但差别并不显著。加之多种原因导致的城市物资供应相对不足，城市居民的生活也一度受到影响，城市对农民所产生的拉力相对较弱。这一时期，城市并没有面临农民大量流入的压力，一定数量的农民因受灾或其他原因进入城市后，很快被正在复苏的城市工商业所吸纳。与此同时，广大乡村由于实行土地改革和农业合作化运动，农民获得了土地，生产积极性空前高涨，农民在一定程度上组织起来，乡村农业和副业快速发展，对劳动力的需求大为增加，基本没有人口压力过大的问题。因此，这一时期城乡政府未采取强制措施来促进或者限制城乡人口流动，城乡之间人口流动得以相对自由有序。[①]

1952年以后，国家实施工业化战略，改善工人生活状况成为首选，特别是"一五"计划时期（1953—1957），城市工人生活水平相较农民提高得较为显著。这种客观差距无时无刻不吸引着农民向城市进发。为此，国家出台了一系列政令与管理措施逐步限制农民进城。各地政府采取"管""堵""卡""截"等各种手段，对农民自由进城找工作进行"劝止"、"防止"或"制止"。1958年，由全国人大常委会第九十一次会议通过的《中华人民共和国户口登记条例》正式出台，其中第十条规定："公民由农村迁往城市，必须持有城市劳动部门的录用证明、学校的录取证明或者城市户口登记机关的准予迁入的证明，向常住地户口登记机关申请办理迁移手续。"[②]这标志着城乡户籍管理制度的规范化。全国各地农村户口登记机关严格迁出审查，最终促使城乡人口逆向迁移。20世纪60年代初采取"大精简"后，便慢慢关上了"城门"，城乡二元

---

① 何一民、朱艳林：《国民经济恢复时期城乡关系的变化及影响》，《深圳大学学报（人文社会科学版）》，2014年第5期。

② 《中国人口年鉴（1985）》，北京：中国社会科学出版社，1986年，第84页。

的社会发展模式逐渐固化。

　　1978年以来，改革开放的逐步推进，使社会结构和人们的思想观念发生了巨大的变化。可以说改革开放后，中国经历了人类发展史上和平时期最大规模的人口流动。人口流动突出表现为从农村流向城市，从欠发达的中西部地区流向较发达的东部地区。

　　改革开放初期，中央对是否全面放开城乡流动限制的问题并没有明确的答案，但农村家庭联产承包责任制的实施，使农民获得了生产经营和利益处置的自主权，从而激发了农民生产劳动的积极性。由于农业生产效率提高，农民不再被固着在土地上，可以从事非农生产。随着改革的深入，城市化进程加快，城乡流动与城市化进程联系在了一起。从历史发展的角度来看，改革开放以后的城乡流动可分为以下5个发展阶段：一是城乡隔离格局的弱化（1978—1984）。由于家庭联产承包责任制的实行，从根本上解决了农产品短缺问题，政府开始放松对农民的控制，农民开始脱离土地；乡镇企业的发展又创造了大量农民进厂的机会，呈现出"离土不离乡，进厂不进城"的状况。二是城乡流动壁垒的打破（1984—1992）。1984年开始推行的经济体制改革，加速了城乡社会的发展，城乡户籍管理制度出现松动，允许农村人口自带口粮进入小城镇务工经商。20世纪90年代粮食供应配给制废除后，一拨又一拨的农民开始"离土又离乡，进厂又进城"，从田间地头走向城市工厂，从中西部走向东南沿海地区。这一时期国家的基本政策是"合理控制农村劳动力的转移"。三是城乡流动的加速（1992—2002）。社会主义市场经济体制改革产生了巨大的辐射效应，带动民工潮的兴起。其中，1995年至2001年为加速流动阶段。然而大规模的农民进城并没有改变农民的身份定位，他们依然处于"半城市化"状态。四是城乡流动机制的形成（2002—2012）。这一时期"三农"问题凸显，"农民真穷、农村真苦、农业真危险"的慨叹引发了中央高层的关注，于是中央开始连续下发有关解决农村问题的"一号文件"，推出"多予""少取""放活"等一系列解决"三农"问题的举措。因此，2002年至2005年间，农村处于稳定调整的阶段。但2006年至2011年，民工潮再次涌动，农民进城再次加速。大量农村人口向城市迁移的突出表现为中国城市化率不断提高，城市人口在2011年首次超过农村人口，达到51.27%。五是城乡发展一体化的统筹（2012—　）。党的十八大报告指出，要"推动城乡发展一体化"，"加快完善城乡发展一体化体制机制，着力在城乡规划、基础设施、公共服务等方面推进一体化，促进城乡要素平等交换和公共资源均衡配置，形成以工促农、以城带乡、工农互惠、城乡一体的新型工农、城乡关系"。

　　据国家统计局抽样调查数据，2013年全国农民工总量2.69亿人，其中外出的农民工1.66亿人；农民工月均收入2609元，农民工外出打工收入已经占到农民人均收入的50%。到2017年，外出的农民工已达2.82亿人。面对如此庞大的农民工群体，国家适时地调整了相关政策，开始提倡"以工促农"与"以城带乡"，逐步加快了户籍制度改革的步伐，以解决农民工城市落户问题。

　　党的十八大以来，"新型城镇化战略"提上日程。2013年12月，中央召开城镇化工作会议，强调中国城镇化"稳中求进"、努力实现"人的城镇化"的方针。之后，《国家新型城镇化规划（2014—2020年）》出台，标志着中国城镇化发展的重大转型。党的十九大又提出实施"乡村振兴战略"，这是针对新时代的"三农"问题做出的重大决策部署，是决胜全面建成小康社会、全面建设社会主义现代化国家的重大历史任务。

　　回顾新中国成立以来城乡流动的历史，分析各个阶段所面临的主要问题，以及在面对这些问题时党和国家以及地方政府的制度和政策设计，总结经验，对新时代实施"乡村振兴战略"，具有十分重要的现实意义。

第一章　"到城里去"

在中国，务农向来不被看作是一种职业，当农民甚至意味着"没工作"。但它又确实是一种身份。近代，农民离开土地的真实原因是租佃关系导致的农民贫困和破产。新中国成立初期，土地所有制发生巨大变化，大量农民涌入城市，这一时期农民离村而进城的原因极为多样，如羡慕城市生活、企业私招乱雇、粮食供应偏宽等，极具时代特色。

一、"羡慕城市生活而来"

近代以来，灾荒是农民离村的直接原因。遭灾之后的农民迫于生计，只有逃荒，部分灾民进入城市。新中国成立伊始，全国相继发生旱、冻、虫、风、雹、水、疫等自然灾害，其中水灾最重。

作为首都的北京，本应也是灾民蜂拥而至的地方。但据北京市档案馆等资料记载，这一时期"受灾逃难来的只是少数"。[①]1950年1月，进京灾民2.3万余人，多集中在门头沟、长辛店、石景山、丰台、南苑等工矿、交通要路市镇。上述各地平均每天均有二三十人找到政府要吃要住要工作。[②]这也是档案记载中进城灾民数量较多的一年。1952年4月，河北省各县来京的灾民有2300多人。1954年8月，因闹水灾，河北省徐水、通县、大兴、武清等县农民200多人来到南苑区小红门乡。1956年8月，因遭受水灾，来京农民约1万多人。[③]1957年，山东、河北等6省重灾区成灾面积达18664万亩，成灾人口4401万人，损失粮食约163.7亿斤。这也是受灾较重的一年，据4月份统计，当时流入北京的灾民有1.6万多人。[④]而且，对遭受灾害的进城农民，北京市根据政务院的指示，按照"城市遣送、农村安置、生活困难者当补助路费"的方针，积极动员农民还乡，大部分灾民被收容遣送。[⑤]但实际上，1949

① 钟林：《动员流入城市的农民还乡生产》，《人民日报》1957年12月16日，第4版。

② 《中共北京市郊区工作委员会关于冬季生产救灾工作进行情况的报告》（1950年1月17日），北京市档案馆藏，档号：1-14-136。

③ 《北京市劳动局关于安置外地流入本市农民工作和目前情况的报告》（1956年8月23日），北京市档案馆藏，档号：110-001-811。

④ 《关于动员来京农民还乡工作报告》（1957年12月25日），北京市档案馆藏，档号：2-9-18。

⑤ 《北京市动员农民还乡工作的报告》（1953年5月19日），北京市档案馆藏，档号：2-5-35。

年至1960年间，北京市农业人口转非农业人口增长80.5万人①。因此，除了受灾的缘故，农民进城还有更为复杂的动因，其中"首先使工人生活有所改善"的执政方略影响最大。

新中国成立的头3年为国民经济恢复时期，城镇居民与农村居民的生活水平都在逐步提高，但此后，工人与农民生活差距开始逐渐拉大。首先改善工人的生活水平是中国共产党开始执政后的一项重要策略。早在1949年3月，毛泽东在中共七届二中全会上就曾指出："如果我们在生产工作上无知，不能很快地学会生产工作，不能使生产事业尽可能迅速地恢复和发展，获得确实的成绩，首先使工人生活有所改善，并使一般人民的生活有改善，那我们就不能维持政权，我们就会站不住脚，我们就会失败。"②

于是，新中国成立之初即确立了国家工业化战略，而改善工人生活状况成为首选。中共北京市委在1951年1月22日《关于改革职工工资计算办法的意见向中央、华北局的请示报告》中提出，"现在一般职工已对按小米计薪的办法表示极大的不满，纷纷要求加以改变。为了减少工人的生活顾虑，集中精力积极生产，我们认为工资以按数

---

① 李慕真主编：《中国人口（北京分册）》，北京：中国财政经济出版社，1987年，第63页。
② 《毛泽东选集》（第四卷），北京：人民出版社，1991年，第1428页。

种日用必需品折合计薪的办法较为妥当"①，并得到了中
财委的认可。北京市委组成工资委员会领导工资改革，通
过对工人生活情况进行调查，将以小米为计算工资的办法
改为以"分"计算的办法，每分包括小米、白面、油、
盐、布、煤等6种工农业品。这样就可以保障工人的实际
收入。北京市工资委员会结合当时的实际情况，拟出一
个实施方案，每分为：食粮0.8市斤（三七米0.48市斤，
八一粉0.32市斤），五幅白布0.2市尺，香油0.05市斤，食
盐0.02市斤，门头沟甲块煤2.0市斤（工农业品的比例各占
50%）。各地也基本上都把现有的工人工资适当提高。这
样一来，职工收入增长较快，1952年城镇居民的储蓄额比
1950年增加5.5倍，平均工资增加了60%～120%，而农民
收入的增长幅度约为30%。②

据统计，1952年农业人口消费水平为62元，非农业
人口消费水平为148元，后者为前者的2.39倍。作为民
国时期乡村建设的倡导者，梁漱溟比较关注乡村社会生
活，他于1953年9月11日召开的全国政协常委会上发言指
出："近几年，城里的工人生活提高快，而乡村的农民
生活却依然清苦，所以各地乡下人人都向城里（包括北

---

① 《中共北京市委关于改革职工工资计算办法的意见向中央、华北局的请示报告》（1951年1月22日），《北京党史》，2010年第3期。
② 武力主编：《中华人民共和国经济史》（增订版）上卷，北京：中国时代经济出版社，2010年，第164页。

京）跑。"①梁漱溟还形象地比喻说，工人农民生活状况有"九天九地"之差。此言不虚。当时，工人生活水平改善的报道也时常见诸报端。1953年1月1日《北京日报》报道女工张雅南喝牛奶的事情。报道称，张雅南是1941年进厂做工的。解放前的8年，每月的工资除去伙食费以外，剩下的钱连件衣服都添不了。而解放以后，她加了3次薪水，现时吃厂里的伙食，每月净得工资26万元②。除了按时添些衣服，余下的钱也能喝牛奶了。她能够每月支出4万元来喝牛奶。③工人工资的不断增加，使工人生活水平大幅提高。涌入北京市的农民大多来自河北省。据河北省沧县337个村统计，到城市的青壮年就有9100人；黄骅县的7个村共有男劳动力769人，1953年春天外出的就有552人。④农民进城的直接动力就是"从城市方面的工作上来看，普通工、勤杂工和学徒的工资和福利偏高"⑤。因此，河北一带农民纷纷来京，如涿县徐立营村的赵青山，在本村的集市上公开喧嚷"在家受什么罪呀！北京有的是

① 汪东林：《梁漱溟问答录》，长沙：湖南人民出版社，1988年，第132页。
② 1948年12月1日成立的中国人民银行发行的第一套人民币，面额大，1万元折合1955年3月1日起发行的第二套人民币1元。
③ 《喝牛奶的人越来越多了》，《北京日报》1953年1月1日。
④ 《各地大批农民盲目流入城市，各省县人民政府和党委应采取妥善办法加以劝阻》，《人民日报》1953年4月17日，第1版。
⑤ 钟林：《动员流入城市的农民还乡生产》，《人民日报》1957年12月16日，第4版。

大米白面吃，不但钱好要，还能要衣服"。在他的带动下，仅徐立营村即流入北京市80多户300多人。①

　　而1956年实行的全国性工资改革，更是有效增加了工人的收入。"1952年全国工人平均工资是每人446元，1956年提高到610元，在4年中间，提高了将近37%。这样的工资增长速度，也是旧中国历史上从来没有过的。"②1956年7月，北京市人民委员会《关于转发〈国务院关于颁发国家机关工作人员工资方案的通知〉等文件的通知》和《转发国务院关于工资改革中若干具体问题的规定的通知》，对北京市在贯彻落实文件中的具体问题，如补发工资问题、升级问题、执行工资标准等问题进行了规定。此次改革，在原工资标准和物价津贴的基础上，改为十一类工资区制度。同时，改进工人的工资等级制度，推行计件工资制度，建立与生产发展相适应的奖励制度。改进企业工人和技术人员的工资制度。国营企业的工人和技术人员均执行中央规定的工资标准。对地方企业的技术员，除了按照他们所担任的职务评定工资外，对其中技术水平较高的应该加发5%～30%的技术津贴，对有重要贡献的高级技术人员，应加发特殊津贴。据1958年10月国家

---

① 《关于动员来京农民还乡工作报告》（1957年12月25日），北京市档案馆藏，档号：2-9-18。

② 《谁说人民的生活水平降低了》，《人民日报》1957年8月3日，第4版。

统计局汇编的《1956年全国工资调查资料》显示，"通过工资改革，全国工人都普遍地增加了工资。平均每人每月增加了7.6元，平均工资增长了16.8%"。[①]可以说，这次工资改革使大部分的工人家庭都增加了收入，工人物质生活的质量也就相应提高。如，根据工人的工资收入按供养人口平均，北京第一汽车附件厂工人的生活状况可分为5种类型：一是富裕户，每人每月在15元以上者。这类户叫丰衣足食户，在工人中约占10%。二是中上等户，每人每月12—15元者。这类户占工人总数的32%左右。三是中中等户，每人每月在10—12元者。这类户占工人总数的38%左右。四是中下等户，也就是季节性的困难户，每人每月在8—10元者。这类户在工人中所占的比例在18%左右。五是经常困难户，每人每月平均在8元以下者。这种人在第一汽车附件厂占不到全厂人数的1%。[②]这个调查从一个侧面反映出当时北京工人的生活状态。

对此情况，农民也不是视而不见，如有的农民抱怨，"我们不如工人好，工人吃白面比咱们多，一个月还

① 中国社会科学院、中央档案馆编：《1953—1957中华人民共和国经济档案资料选编——劳动工资和工人保险福利卷》，北京：中国物价出版社，1998年，第574页。
② 参见叶剑韵：《一个工人家庭生活的变化》，《人民日报》1957年4月20日，第2版。

拿好几十万元",不满情绪较普遍。①各种情况都吸引着农民喜工厌农,流向城市。有的农民说:"挣钱不挣钱,闹身海昌蓝(笔者注:工人工作服)""一斧头砍出件棉袄来"。有些农民怕参军、怕出工等,还有些荣誉军人和退伍军人、转业军人不习惯农村生活和农业劳动,也纷纷进城。②《北京日报》读者袁嘉来信称"一年辛苦劳作,社员收入无几"。③袁嘉是北京东郊五一农业社社员,五一农业社是1956年3月并为高级社的,并社以后社员们的情绪很高,起早睡晚地劳动,如在播种和秋收时,大家除了白天劳动以外每晚还要突击两小时。但是,在分红时社主任说,每个工分按5分钱计算,社员们听了很失望。五一社全年农副业收入共计50多万元,但开支却是30多万元,占收入的60%,其余40%分给社员,这样社员所得无几。比较好的社员一年能分上10多元,有的社员扣除预借部分就1分钱也分不到了,更有的社员劳动一年还欠社里的。

在如此低的农业剩余状况下,国家为了工业化战略的目标,实行统购统销,通过工农产品价格"剪刀差"

---

① 《返乡干部、职工对农村情况的反映》(1954年3月7日),北京市档案馆藏,档号:1-6-921。

② 《北京市动员农民还乡工作的报告》(1953年5月19日),北京市档案馆藏,档号:2-5-35。

③ 《情况简报第2号》,北京市档案馆藏,档号:2-9-18。

获得积累，这样一来，城乡之间差距日渐拉大，使得城乡冲突不断。有的农民对统购统销面粉计划供应不满，说"我们种麦倒吃不上白面，你们（指工人）不种倒吃的着"。[①]1961年7月3日，昌平县南邵乡生产队队长向万里写信反映农民户的供应比居民户的供应少的问题，提出："农民户每月供应的一切物品比居民户都少甚至没有，同是人民政府人享受为何不一样平等呢？""最明显的合作社买鱼肉糖品等物就不卖给农民，他们布票也比农民多。""买鞋子居民拿证就卖给，农民户有证也不卖给。""像这样农户和居民一比他们还能起劲、生产还能提高吗？并且还有的说我们农民怎么这么臭，享受什么都不如人家？"[②]

针对这种情况，有学者评论道："自相矛盾的情况发生了。不断改善的经济条件和小额优惠政策的逐渐扩大，居然发展成一种中国共产党政策明确要避免出现的趋势：与使革命走向胜利的农民相比较，市民的优越地位不断增长。在城市，由国家负责提供'一揽子福利'待遇，社会主义从而被认为是前途光明的；但是在农村，提供任何福利的负担，最终都不是落在国家而是落在集体和农民自

[①] 《返乡干部、职工对农村情况的反映》（1954年3月7日），北京市档案馆藏，档号：1-6-921。

[②] 《送批信件》，北京市档案馆藏，档号：2-20-66。

己的身上。结果经济改善的情况比城市少得多。总体而言，1949年以后，中国城乡差别在收入、获得消费品、文化娱乐和有保障的工作以及福利待遇等方面逐渐扩大，使得城市居民越来越意识到城市生活的优越，也使农民越来越羡慕城市生活。"①此论堪为中肯。城市生活的优越使农民"绝大多数是不安心于农业生产，羡慕城市生活而来的"②。据国家统计局国民经济综合统计司公布的1957年全国城乡居民收入与支出数据来看，城镇居民家庭与农村居民家庭收入与支出存在着近三倍的差距。③城镇居民家庭平均每人生活费收入为235.4元，生活消费支出为222.0元，其中食品消费为129.7元；农村居民家庭平均每人纯收入为73.0元，生活消费支出为70.9元，其中食品消费为69.6元。正如美国学者亨廷顿所指出："乡村农民经济改善所花的代价远远超过城市工人经济改善所需的代价。因此，农村里较活跃而有才智的人移居城市就不足为奇了。"④

---

① 《剑桥中华人民共和国史》，北京：中国社会科学出版社，1992年，第691—692页。

② 钟林：《动员流入城市的农民还乡生产》，《人民日报》1957年12月16日，第4版。

③ 国家统计局国民经济综合统计司编：《新中国五十年统计资料汇编》，北京：中国统计出版社，1999年，第22页。

④ ［美］亨廷顿：《变化社会中的政治秩序》，上海：上海世纪出版集团，2008年，第246页。

二、工业建设与农民进城热潮的出现

1953年以后，各地农民开始出现进城热潮。北京市劳动局调查农民流入城市的原因，绝大部分农民是听说"五三年首都建设任务大，用人多，工作好找"。[①]河北宁津县三区区公所门前贴布告动员农民到北京参加大建设。不仅在北京如此，"据各地报告，有许多农民因想参加工业建设，进入城市，寻找工作"。[②]的确，"一五"计划掀起了第一次大规模的工业建设。"一五"计划规定5年内全国经济建设和文化教育建设的支出总额为766.4亿元，其中属于基本建设的投资为427.4亿元，占总支出的55.8%。在基本建设投资中，工业是重点，占58.2%；运输邮电占19.2%；贸易、银行和物资储备占3%；城市公用事业占3.7%；文化、教育、卫生占7.2%；农林水利占7.6%。[③]这样大规模的工业建设，是中国历史上前所未有的。在以重工业为主的"一五"计划建设实施过程中，国家新建扩建为数众多的工厂和矿山，从农村征调大量农民

① 北京市劳动局：《北京处理外县农民流入情况的报告》（1953年4月20日），北京市档案馆藏，档号：110-001-389。
② 中央人民政府政务院：《关于劝止农民盲目流入城市的指示》，《人民日报》1953年4月18日，第1版。
③ 薄一波：《若干重大决策与事件的回顾》（上），北京：中共党史出版社，2008年，第201页。

进入城镇、矿山去当工人。

为响应国家大规模工业建设的号召，1953年制定的《北京城市建设总体规划》强调要把北京建设成为以重工业为主的现代化工业基地。中共北京市委为解决基本建设劳动力短缺问题，有计划地从外省农村招收农民工。据北京市劳动局统计，1950年到1955年底，从外地招工13万人次，1956年上半年仅从河北农村招工就达2.6万余人。1956年后，工业建设进入施工高潮，大批施工队伍涌进城市，职工家属也被从农村带入城市，致使城市人口迅速增加。北京市1956年由农村迁入的20多万人口中大部分是职工家属。[1]在这种背景下，北京市各部门职工人数增长迅速，1949年各部门职工（包括全民、集体、街道）人数为433399人，1952年增至783630人，1957年为1211737人。[2]

1958年开始的"大跃进"运动要求工业特别是钢铁生产以更快的速度继续增长，以便实现"赶英超美"。为此，国家要求各省、自治区、直辖市尽快地建立独立完整的工业体系。在这种情况下，把中央各部所属企业下放地方管理，同时，下放了计划管理权和基本建设项目的审批权，因而全国施工的大中型项目急剧增加，国家大中型建

① 《公安部关于各地执行劝止农民盲目流入城市和紧缩城市人口工作中发生的问题及解决意见的报告》，北京市档案馆藏，档号：2-9-36。
② 《北京市劳动局关于城市社会结构调查的报告》（1978年10月12日），北京市档案馆藏，档号：110-2-617。

设工程的开工数在1958年、1959年、1960年，分别为1589项、1361项、1815项，每一年都超过了"一五"期间施工项目的总和。①伴随着这股更大规模的工业化建设浪潮，又一次掀起了农民进城的热潮，使城市人口骤增。"大跃进"时期，北京的工业建设与城市建设都需要大量的劳动力，1958年从京郊农村招收5.1万人，外省市9.8万人，其中河北省7万人；1959年北京市委做出指示，动员郊区1万农民支援首都基本建设。1958年至1960年间，北京全民所有制单位固定职工共招59.72万人之多，其中从农村招收的有20.6万人。②这一时期，北京市人口的净迁入量与净迁入率，均超过了"一五"计划时期的一倍以上，成为新中国成立后北京人口规模增长的最高峰。

事实上，在工业化狂飙猛进的同时，国家并非没有考虑控制城市人口以缓解商品粮供给压力的问题。为了实现劳动力的精干使用、避免窝工浪费增加供给负担，在劳动力管理方面，国家建立了劳动力统一调配制度。这一制度要求需工单位在期初上报劳动力计划（包括工种、人数和使用时间），而后劳动部门根据各需工单位劳力使用项目的轻重缓急，在部门和地区间进行统一调配。调配的主

① 《当代中国的劳动力管理》，北京：中国社会科学出版社，1990年，第9页。
② 北京市地方志编纂委员会：《北京志·劳动志》；北京：北京出版社，1999年，第62页。

要原则是老企业"增产增事不增人"并充分"挖潜",以便新企业需要时可以首先抽调。[①]然而,一方面,"调配的是人不是钢材,调配不好,就要叫喊",仅从"盈—缺"的角度取有余而补不足,往往会出现不匹配的现象,"有的把纱厂工人调到煤矿,还不让他回来"[②];另一方面,"调而不配"的现象长期存在,需工企业往往要支付未知的时间成本。故此,有些建筑单位与市政单位为赶工期,往往突破劳动力调配制度的限制,私自向农村招雇工人,这也造成了大批农民进入城市。1954年2月,华北煤矿管理局工程公司通过该公司瓦工组长,写信到河北大城、文安、河间等地招来工人63人;中央纺织工业部国营北京第一棉纺织厂在1954年3月8日私自录用了住在客店的农民40多人。这些工人到京后,该公司才到北京市劳动局办理手续。[③]在基建任务重劳动力不能满足需要时,一些用人单位未报计划或未经批准,私自招收农民的现象屡屡发生。在这些私招的农民中,有的通过家在农村的工人串联介绍,有的在市内自发形成的劳动力市场("人

---

① 《中共中央关于第二次全国省市计划会议总结报告的批示》,中共中央文献研究室编:《建国以来重要文献选编》(第六册),北京:中央文献出版社,1993年,第146—148页。

② 刘少奇:《在四川省劳动工资座谈会上的报告》,中共中央文献研究室编:《刘少奇论新中国经济建设》,北京:中央文献出版社,1993年,第361页。

③ 《认真贯彻政务院"关于劝止农民盲目流入城市的指示"读者来信综述》,《人民日报》1954年5月6日,第2版。

市"）上直接招收。当时北京市有9个相对固定的"人市"①，聚集劳动力少则数十人，多则上千人。②对有些企业私自招工，社会反映强烈，如《中国劳动》的《批评与建议》栏目，刊载了《无法无天的西北建筑三公司》一文，就揭露1955年以来，建筑工程部西北工程管理总局所属西北建筑三公司不断严重地违犯国家劳动力统一调配政策法令，到处私招乱雇工人的行为。③1958年7月12日，对于盲目流入北京市农村人口增加情况，北京市民政局调研后指出，"农村人口盲目流入本市增多的原因，主要是由于'大跃进'，很多项目上马，建筑单位用工量较大，他们不择手段地拉用外地农村人口。"正是这种用工需求和一些企业的私招，通过各种渠道传播到各地，更促使大量的农民从农村来到北京找工作，而这对于当时机械化水平不高、产出极大仰赖劳动力的农业而言，无疑影响严重。1958年8月19日，河北省涿县4个乡派来4个干部到北京市人民委员会要求解决该县青年社员还乡问题。4个乡共出

---

① 这9个"人市"为东四猪市大街、西四羊市大街、西单绒线胡同西口、崇文门、朝阳门内大街、虎坊桥、交道口、鼓楼茶馆、天桥茶馆等9处。以猪市大街为最大，每日有四五百人，其他一百人左右，其中绝大部分是外县农民。载《最近盲目流入城市农民情况报告》（1953年8月18日），北京市档案馆藏，档号：110-001-389。

② 北京市地方志编纂委员会：《北京志·劳动志》，北京：北京出版社，1999年，第63页。

③ 马玉岗：《无法无天的西北建筑三公司》，《中国劳动》，1958年第2期。

来718人，其中社干部554人，包括生产队长、会计、计工员等，没有职务的164人（正劳力136人，正在上学的学生28名）。这4个乡共有71个社，有25个社干部走光了，有10个社的干部走了一半。现在各社的情况人心惶惶，生产情绪很不稳定。①

而在浩浩荡荡的进京农民大军中，有不少农民是手持农村基层干部的介绍信"合法"地进城——由于许多地区的农村存在人多地少的现象，逢歉年时，很多农村基层干部在无力解决农民生活的困难时，往往主动介绍农民到城市来找工作。据北京市动员农民还乡联合办公室报告：1953年5月，流入北京的外地农民中，有荣誉军人、退伍军人和转业军人，也有民兵、村干部和党团员。还有些是半工半农的失业工人；另有少数地主、兵痞、流氓、管制分子也乘机混了进来；一般都持有当地政府的证明信或户口迁移证。海淀区统计258人的情况，带有县公安局户口迁移证的80人，持有县级证明的1人，区级证明的15人，乡、村政府证明的154人，没有证明的仅有8人。②据1954年3月的不完全统计，"盲目"到北京市来找工作的农民共有4000多人，这些农民大多来自河北、山东等地，其中

① 《关于涿县四个乡派员来京寻找外出报考的青年社员还乡生产和座谈情况的报告》，北京市档案馆藏，档号：110-001-914。
② 《北京市动员农民还乡工作的报告》（1953年5月19日），北京市档案馆藏，档号：2-5-35。

有不少是由当地人民政府不负责任地介绍出来的。河北新城县二区温屯村李俊明向该区工商科要求代找工作时，工商科的干部就给他开了介绍信到北京来。更严重的是，有不少县、区、乡人民政府，不考虑发展农业生产的需要，竟将已经参加农业生产合作社或互助组的农民和已经就业的转业复员军人介绍到城市来找工作。

除了基层干部不负责地开介绍信或户口迁移证促使农民"盲目"进城外，还有些情况也与基层干部行为有关。1959年外地农民来京找工作者增多，据公安局2月13日统计，在前门、永定门、西直门、丰台4个车站住宿的来京农民就有1500多人，以前门车站674人为最多。14日晚，前门车站住宿农民增至1400人。①有的人反映生产队长"在生产上假报成绩，上报的产量大，除去上级征购外，社员就没有吃的了。现在每人一天吃四两粮食，净吃萝卜，生活苦才出来的"。②北京市劳动局通知河北的农村基层干部来接农民回乡时，农村干部曾埋怨说："都是你们乱说乱招，农民才跑出来的。"而北京市农民还乡办公室的干部反唇相讥道："你们不给吃，不给喝，农民能不向外跑吗？"这番互相指责集中反映了新中国初期

---

① 《关于外地农民盲目来京情况和处理意见的报告》（1959年2月16日），北京市档案馆藏，档号：110-001-991。

② 《动员农民返乡情况简报》（1959年2月26日），北京市档案馆藏，档号：110-001-999。

农民进城的复杂性。[①]

　　1959年2月25日，北京西四"人市"出现了一张大字报谈到农民生存状况，除了述说在家时常挨饿这一原因外，还反映了农民不愿回乡生产的另外原因："在干部工作当中，张口就骂，举手就打，全国各省都是。"[②] 1956年底，中国按高级社的模式基本完成了农业社会主义改造，中国农业集体经济实行生产资料公有、集体劳动、统一经营、统一分配，基层干部是农业生产的主要组织者与管理者，其工作能力与方法对能否最大限度地调动农民的责任心和劳动积极性，以及农民生活都有重要影响。据档案记载各地的情况反映，农民对基层干部行为有很大的意见。特别是"大跃进"时期，强迫命令、瞎指挥、任意克扣社员口粮的现象较为普遍。一些基层干部的"非打即骂"使农民得不到应有的尊重，使他们希望脱离农村环境的决心更坚定，有些进城农民表示"饿死也不回去，就是不想受那个窝囊气"。[③]

————————

　　① 《动员农民返乡情况简报》（1959年2月26日），北京市档案馆藏，档号：110-001-999。

　　② 《动员农民返乡情况简报》（1959年2月26日），北京市档案馆藏，档号：110-001-999。

　　③ 《动员农民还乡情况简报》（1959年2月26日），北京市档案馆藏，档号：110-001-999。

第二章 "城里不能容，又赶他们回去"

　　中华人民共和国发展国民经济的第一个五年计划明确提出，"优先发展重工业的政策，是使国家富强和人民幸福的唯一正确的政策，实行这个政策，将为我国建立起社会主义的强大的物质基础"[1]。尽快将中国从落后的农业国转变为工业国，是中国经济发展计划的出发点。而单向突进的重工业发展战略与落后的农业机械化水平之间的矛盾势将极大地降低城市容纳农业剩余人口的能力，伴随着1953年爆发的"黄色炸药"与"黑色炸药"[2]的两难，粮食统购统销制度逐步建立，对城市企业向农村招工和农民自发进城的制度性限制逐渐加强；而"大跃进"以更为灾难性的后果将上述限制暴露出来，20世纪60年代初的"大

---

　　[1]　《中华人民共和国发展国民经济的第一个五年计划（1953—1957）》，北京：人民出版社，1955年8月第1版，第165页。

　　[2]　在1953年的粮食会议上，负责粮食工作的陈云表示："我现在是挑着一担'炸药'，前面是'黑色炸药'，后面是'黄色炸药'。如果搞不到粮食，整个市场就要波动；如果采取征购的办法，农民又可能反对。"参见《陈云年谱》（中卷），北京：中央文献出版社，2000年，第179页。

精简"后，与统购统销相配套的严格区别"农业"和"非农业"的户籍制度、保障组织管理农业人口的农业集体化运动和收容遣送制度也逐步建立起来。[1]

一、城乡分治秩序的确立

如前所述，大批农民基于各种动因来到了城市。1949年至1952年间，因受灾而进城的农民较多，城市管理者主要是"以动员还乡生产为主，结合安置职业及必要救济"。北京市门头沟区由区政府、工会、矿务处、公安局共同组成灾民职业介绍所，登记安置，共解决了565人住房问题，介绍了3462人做矿工窑工，进城灾民共8000人都找到了职业。[2]尽管这一时期对进城农民以动员还乡生产为主，但在当地条件允许的情况下，相当多的自由进城农民还是得到了安置，在城里找到了工作。但从1953年重工业优先发展的战略逐步实施起，随着重工业吸纳劳动力能力弱与城市人口急剧增长之间矛盾的浮现，就出现了"各地乡下人都向城里跑，城里不能容，又赶他们回去"的情况，[3]国家开始连续出台一系列限制农民自由进城的

---

① 王海光：《城乡二元户籍制度的形成》，《炎黄春秋》，2011年第12期。

② 《中共北京市郊区工作委员会关于1949年秋至1950年夏京郊救灾工作总结（稿）》（1950年7月14日），北京市档案馆藏，档号：1-14-136。

③ 汪东林：《梁漱溟问答录》，长沙：湖南人民出版社，1988年，第132页。

政令。

1953年4月17日，政务院公布了《关于劝止农民盲目流入城市的指示》（以下简称1953年《指示》），指出各地都有许多农民因想参加工业建设，进入城市，寻找工作。仅就东北沈阳、鞍山两市的统计，即有2万余人。但由于城市建设尚在开始，劳动力需用有限，农民盲目入城的结果，在城市，使失业人口增加，造成处理上的困难；在农村，则又因劳动力的减少，使春耕播种大受影响，造成农业生产上的损失。为了制止这种混乱现象的继续发展，特别要求各省、市人民政府通知各县、区、乡政府，农会向准备或要求进城的农民耐心解释，劝止其进城。而且还规定县、区、乡政府对于要求进城找工作的农民，除有工矿企业或建筑公司正式文件证明其为预约工或合同工者外，均不得开给介绍证件。对于已进城的农民，除为施工单位所需要者外，应由所在地的人民政府劳动部门及民政部门会同工会和其他有关机关动员其还乡。凡系各建筑工程单位自由在农村招来的农民，或原来的预约工，其本单位认为目前不需要时，均一律由原单位负责处理，动员其还乡，并发给路费。凡乱写介绍信的县、区、乡人民政府，应负责将其介绍到城市求职而找不到职业的农民动员还乡。自由进城寻找工作之村干部及民兵，应一律返乡领导农民春耕播种。已在农村安置就业的荣誉军人和退伍转

业军人又来城市寻找工作者，也应还乡积极参加生产，以
保证国家农业生产计划的完成。[①]1953年《指示》对待进
城农民的态度是"劝止"，即"动员还乡"。

　　1956年12月30日，国务院发布《关于防止农村人口
盲目外流的指示》（以下简称1956年《指示》），这是针
对当时"安徽、河南、河北、江苏等省灾区和非灾区的农
民、复员军人和乡、社干部盲目外流的现象相当严重"的
情况而做出的。当时流出的人口一般奔向各大城市和工业
建设重点地区，流入陕西、甘肃、新疆等省区的人口数量
最多，共达8万余人。各大城市和工业建设重点地区，对
流入的大量人口无法进行安置，而流入的人口却在不断增
加。为了防止农村人口进一步大量外流，又出台了1956
年《指示》，要求灾区加强对农业生产合作社社员和干部
的思想教育，使他们认清只有生产自救才是战胜灾荒的根
本办法。加强对农业生产合作社的领导，具体帮助农业生
产合作社解决生产中的困难，开展多种经营的冬季副业生
产。及时分配副业收益或者实行预分，并做好救济、贷款
的发放工作，使灾民能够维持生活，顺利进行生产。切实
解决烈属、军属、残废军人和复员军人的困难。非灾区也
应当加强农业生产合作社的巩固工作，切实解决社员的困

---

　　① 《关于劝止农民盲目流入城市的指示》（1953年4月17日），《新中国法
制研究史料通鉴第6—11卷》，北京：中国政法大学出版社，2003年，第7534页。

难，大力开展冬季生产并做好明年生产的准备工作。1956年《指示》还提出了更为具体的要求：对于灾区和非灾区盲目外出的农民、复员军人和乡、社干部，如果他们并无切实可靠的出路，只是羡慕城市生活或者只是听到一些可以找到工作的传闻，就想盲目外出的，应当切实加以劝阻，说明目前各地无法安置的实际情况，说明流落外地、生产生活没有着落的危险性；对于原住重灾区生活十分困难、外地又确有可以投靠的亲友或者已经找到工作，外出后生活不致发生困难的，才可以允许他们外出；但应当取得外出地区有关方面的确实证明，并事先办好工作移交和户口迁移等各项手续。要求各地对于已经流入的人们，应当分别不同情况处理：凡是有亲友可以依靠或者自己能找到生产门路的，应当允许他们居留；凡是本地可以安置的，应当设法予以安置。特别在人少地多的地区，可以把他们安置在农村，从事垦荒生产。凡是没有亲友可投靠，没有生产门路可以安置的，应当同原籍政府联系，请其派遣干部前来领回原籍，或者由流入地区政府遣送回籍。灾民、农民、复员军人和乡、社干部返乡以后，必须帮助他们解决生产生活上的困难，使他们能够安心在家乡生产和工作。对于工厂、矿山、铁路、交通、建筑等单位招收劳动力做出具体规定："应当事先做好劳动计划，通过劳动部门统一调配农村剩余劳动力，不应当私自招收。同时，各厂矿企业单位和工会组织必须教育职工，不要随便写信招引亲友前来，以免到达后无法安置。"①

1956年《指示》发出后，各地积极贯彻，工作有了一定进展。但是还有不少地区没有引起应有的注意，农村人口盲目外流的现象不仅没有得到制止，有些地区还日趋严重。外流人数最多的有河北、河南、安徽、江苏、山东、广西等省区，多数是流往西北和东北的工业建设基地，一部分流入邻近灾区的大城市。在外流的人员中，多数是青壮年，而且有乡、社干部和党团员，致使当地农业生产的开展和农业社的巩固受到严重影响，使流入地区的社会秩序发生了某些混乱，给当地增加了工作上的困难；同时也给少数地主、富农、反革命分子造成了潜逃外地、混入厂矿的空隙。如果不立即采取有效措施，迅速制止农民盲目外流，农业生产势必受到更大的损失，工作则更加被动。

鉴于这种情况，国务院认为有必要再次指示各地引起重视。1957年3月2日，国务院又发布《关于防止农村人口盲目外流的补充指示》（以下简称《补充指示》），要求各地政府结合当时的春耕生产或灾区的生产救灾等中心工

---

① 《关于防止农村人口盲目外流的指示》（1956年12月30日），《新中国法制研究史料通鉴第6—11卷》，北京：中国政法大学出版社，2003年，第7612页。

作，对农民盲目外流的情况普遍进行一次检查。应通过各
种会议、活动，宣传防止农民盲目外流的政策，向农民说
明基建任务缩减，各地无法安置的情况，如果盲目外出，
不仅使个人生活困难，并且也会妨碍农业生产，减少收
入。对所有准备外出和思想不够安定的农民应反复地、耐
心地加以劝阻，如他们在生产和生活上有困难，要负责解
决，把他们稳定在农村。要求各地在外出农民流经较多的
交通中心（如徐州、郑州、西安、天津等地），应设立劝
阻站。由当地政府、铁道部门和流出地区政府共同抽派干
部，负责劝阻和及时遣送外流农民回乡。在农民流入较多
的城市，设立专门机构负责外流农民的处理和遣送工作。
除少数确实已投靠亲友或已就业安家的可以留居当地外，
其余流落外地的农民应一律遣返原籍。外流农民较多地
区，应派遣干部，携带旅费，前往接领。对遣送返乡的灾
民和农民，应予以妥善的安置，对其中生活有困难的，应
予以适当的救济。对劳动力和骨干分子外流过多，组织已
经涣散的农业生产合作社，县、乡人民委员会派出干部协
助整顿，使返乡的农民立即投入生产。[①]1956年《指示》
及《补充指示》对待进城农民的态度是"防止"，与"劝
止"相较，又进一步收紧。

---

① 《关于防止农村人口盲目外流的补充指示》（1957年3月2日），《新中国
法制研究史料通鉴第6—11卷》，北京：中国政法大学出版社，2003年，第7614页。

但随着农民盲目入城现象的日益增多，1957年9月14日国务院再次发布《关于防止农民盲目流入城市的通知》（以下简称《通知》），要求各地加强对农民的社会主义教育，积极准备开展兴修水利和积肥的大生产运动，并向农民说明城市和工矿区不用人的道理，将农民稳定在农村。灾区应做好救灾工作，稳定灾民情绪，不使其外流。各城市一律不许随意招工用人，对盲目入城农民采取随到随遣返办法，以免发生越来越多流浪街头的现象。铁道部门应严格查票，对无票或打短程票走长途的，应交就近车站转由地方政府立即遣返。流入地区与流出地区应密切联系，互相协助，防止秋后大量农民盲目流入城市的现象发生。[①]《通知》对待进城农民的态度是"制止"，与"防止"相较，又升格了一步。

这些政令，号召各地政府采取"管""堵""卡""截"等各种手段对农民自由进城找工作进行"劝止"、"防止"或"制止"，并指示工厂、矿山、铁路、交通、建筑等部门不得私自招用农村剩余劳动力。这些政令的发布使各地比较重视农民还乡工作，使盲目进城的农民得到了收容遣送，也取得了一定的成效。

除临时性的劝返工作外，城乡分治秩序的制度化进程

---

① 《国务院关于防止农民盲目流入城市的通知》，《中华人民共和国国务院公报》，1957年第42号（总第115号），第860—861页。

也在推进，标志之一即建立城乡户籍管理制度。最初，建立户籍管理制度的主要目的是配合镇压反革命运动，对政治性和社会性嫌疑人员加以控制。1951年7月，公安部颁布《城市户口管理暂行条例》（这是新中国最早的一个全国性的户籍法规），其主要内容是对城市户口登记制度进行统一的规定。户籍开始具备资源分配区隔的意义，是与1953年统购统销制度的建立紧密相关的——这一制度需要准确的人口数据作为食品供应的依据，故从1953年起，国家下达了一系列与户籍制度建设有关的文件、颁布了一系列法规，主要有：1954年公安部、内务部、国家统计局下达的《关于共同配合建立户口等级制度的联合通知》，1955年的《国务院关于建立经常户口登记制度的指示》，以及作为专门法的、1958年由全国人大常委会第九十一次会议通过的《中华人民共和国户口登记条例》（以下简称《条例》），要求中华人民共和国公民都必须依据《条例》规定履行户口统计。《条例》的正式出台，标志着户籍管理制度的规范化。①《条例》的实质是规范户口管理的一般程序，使户口登记成为经常性制度，明确区分两类不同性质的户口即农村户口和城市户口，确定了农村人口向城市迁移的限制性政策，正式确立了户口迁移审批和凭

---

① 王海光：《移植与枳变：中国当代户籍制度的形成路径及其苏联因素的影响》，《党史研究与教学》，2011年第6期。

证落户制度，户籍管理的基本内容从此以法规形式确定下来，但如前所述，在1958年《条例》出台后一两年内，恰逢"大跃进"运动时期，《条例》的执行未见成效，1958年8月至年底，全国工业生产方面大约增加了680万人，为全年增加总人数的78%。①城市人口的迅猛增加，使城乡发展、工农业发展出现了严重不协调现象。为了保证城市生活和工业生产正常进行，制止城市职工人数急剧增加而造成的混乱，1958年12月，公安部提出了《当前人口流动混乱情况和配合制止混乱的意见》，要求各地继续贯彻执行户口迁移的规定。1959年1月5日，中共中央下发《关于立即停止招收新职工和固定临时工的通知》，通知各企事业单位一律不得再招用流入城市的农民。1959年2月4日，中共中央发出《关于制止农村劳动力流动的指示》，指出："在城市和工矿区，必须严格执行计划供应制度和户口管理制度，没有迁移证件不准报户口，没有户口不供应粮食。对某些单位人口冒领粮食的行为，必须严格纠正。各人民公社也不得随便开发证明信件，转移外流人员的粮食和户口关系。"②3月11日，中共中央、国务院下发《关

① 《中共中央关于立即停止招收新职工和固定临时工的通知》（1959年1月5日），载中共中央文献研究室：《建国以来重要文献选编》（第十二册），北京：中央文献出版社，1996年，第9页。

② 《中共中央关于制止农村劳动力流动的指示》（1959年2月4日），载中共中央文献研究室：《建国以来重要文献选编》（第十二册），北京：中央文献出版社，1996年，第29页。

于制止农村劳动力盲目外流的紧急指示》，3月26日，公安部发出《关于贯彻中央有关制止农村劳动力盲目外流的指示的紧急通知》，要求城市、工矿区公安机关必须与劳动、粮食、民政等部门密切配合，于近期内清理一次户口，对于流入的农民，除已有固定工作确实不能离开并补订了劳动合同的，可发给准予迁入证明、经农村迁来补登户口外，其余应积极协同有关部门动员、收容、遣返回农村。农村户口登记机关，必须严格迁出审查。凡是迁出的人口，一般都须经公社审查批准，如果公社规模过大，公社可委托管理区或生产大队审批。凡属盲目外流的人员，一律不得给予办理迁移手续。这一系列政令的颁布，使户口管理进一步加强。但由于庐山会议后"反右倾"，各地又掀起了新一轮的"大跃进"，从1959年9月开始，一些企业又开始盲目招工、调用农村劳动力，城镇人口又出现大幅度增长，①而当年及次年的粮棉油产量又都进一步减少，城乡生活供应都出现了日趋紧张局面。部分农村出现饿死人的现象，城镇居民也因饥饿而出现了浮肿病，中央不得不开始对国民经济进行大幅度的调整。

在"调整、巩固、充实、提高"方针出台的同时，清

① 1957年底为9949万人，占总人口的15.4%；1960年底增加到13073万人，占总人口的19.8%，三年净增3124万人。参见《当代中国》丛书编辑部：《当代中国的城市建设》，北京：中国社会科学出版社，1990年，第72页。

理农村劳动力、精减职工的工作正式启动。1961年5月31日，陈云在中央工作会议上指出："三年来，我们招收城市职工二千五百多万人，使城市人口增加到一亿三千万，现在看来，并不恰当。"原因在于"粮食并不够，工业摊子铺得太大，用人又太多，人浮于事"，他认为"这样下去是不行的"。①6月28日，中共中央发出《关于精减职工工作若干问题的通知》，这次精减的主要对象是1958年1月以来参加工作的来自农村的新职工（包括临时工、合同工、学徒和正式工），使他们回到各自的家乡，参加农业生产。1957年底以前参加工作的来自农村的职工，确是自愿要求回乡的，也可以准许离职回乡。原先就是城市居民的职工，不论新老，一般的都不精减。对于被精减人员的待遇，都按照离职处理，一律不用带工资下放的办法。②9月13日，中央精减干部和安排劳动力5人小组发出《关于精减职工和减少城镇人口工作中几个问题的通知》，要求严加控制从农村、县镇迁往大、中城市的户口转移。

1962年10月6日，中共中央、国务院提醒各地方、各

---

① 陈云：《动员城市人口下乡》（1961年5月31日），载中共中央文献研究室：《建国以来重要文献选编》（第十四册），北京：中央文献出版社，1996年，第373页。

② 《中共中央关于精减职工工作若干问题的通知》（1961年6月28日），载中共中央文献研究室：《建国以来重要文献选编》（第十四册），北京：中央文献出版社，1996年，第505—506页。

部门注意，在完成减人任务以后，必须更加精打细算地
节约劳动力，从社会上新招收职工，包括招收临时工的
计划，都必须经过国家计委或劳动部批准。在今后若干
年内，一般地不准再从农村招收职工，不准把临时工改
为固定工。①在1961年1月到1963年7月的两年半时间里，
全国职工精减1887万人，②城镇人口减少2600万，城镇
人口比重由1960年的19.7%降低到1963年的16.8%。③据
统计，1961年至1965年间，全国城镇人口平均每年递减
4.41%。④从此，户籍制度限制人口自由流动的功能进入
了实质性的运用阶段，户口迁移审批制度正式启用。户口
登记、口粮供给与迁移控制形成了一套严密的限制城市人
口增长政策。1963年以后，公安部在人口统计中把是否享
受国家计划供应的商品粮作为划分户口性质的标准，享受
国家供应定粮的居民即城镇居民被划归"非农业户口"，
其余则被划为"农业户口"。基于这个划分，在农村把户

① 《中共中央、国务院关于当前城市工作若干问题的指示》，载中共中央
文献研究室编：《建国以来重要文献选编》（第十五册），北京：中央文献出版
社，1997年，第666页。

② 《关于精简任务完成情况和结束精简工作的意见的报告》，载中共中央
文献研究室编：《建国以来重要文献选编》（第十六册），北京：中央文献出版
社，1997年，第552页。

③ 孙健：《中华人民共和国经济史》，北京：中国人民大学出版社，1992
年，第296页。

④ 国家统计局编：《中国统计年鉴 1983》，北京：中国统计出版社，1983
年，第86页。

口同土地相结合，在城市使户口逐步与劳动就业制度、社会供应制度和社会福利保障制度相结合，实行严格的管理来阻止城乡人口的社会流动。这种以"农业户口"和"非农业户口"来划分管理的二元户籍制度得到长期运用。1964年8月14日，国务院批转了公安部《关于处理户口迁移的规定（草案）》，此规定充分体现了处理户口迁移的基本精神，即两个"严加限制"：对从农村迁往城市、集镇的要严加限制；对从集镇迁往城市的要严加限制。[①]此规定堵住了农村人口迁往城镇的大门。由此城乡隔离的管理制度体系正式形成，户籍制度逻辑演化为横亘在城乡之间的壁垒。直至1977年11月1日，国务院才批转《公安部关于处理户口迁移的规定》，下令全国市、镇有相当数量的无户口的闲散人员，急需抓紧处理。凡是应该回到农村的人，各地要在党委一元化领导下，做出规划，采取有力措施，做过细的思想工作，有计划地、逐步地在几年内把这些人基本上动员回去。农村社队应欢迎他们回乡参加农业生产，并在口粮、劳动等方面给予妥善安排。该规定进一步强调要严格控制农村人口进入城镇，且第一次正式提出严格控制农业人口转非农业人口即"农转非"。公安部在《关于认真贯彻〈国务院批转《公安部关于处理户口迁移的规定》的通知〉的意见》中，具体规定了"农转非"的内部控制指标，即每年从农村迁入市镇的"农转非"人数不得超过现有非农业人口的1.5‰。

由于户籍制度与就业制度、口粮及其他福利物品的供应挂钩，户籍的意义超越了人口学意义上的人口信息和事实记录，决定着个人受教育、职业、收入、社会声望和社会地位的差别及不平等。户口与籍贯的差异逐渐转换为城乡差别和工农差别。而此种城乡、工农之间的壁垒，不仅表现为制度性的排斥，而且也表现为"话语"上的贬抑——最具代表性的恐怕即是"盲流"（"盲流分子"）这一在城乡二元分治秩序确立后，生成于官方文件，而后流行于城市社会的、指称自发进城的农民的词汇。语词、概念、符号，就其本质而言，是一种"分类"体系，其与权力密不可分。命名与分类不单是描述、反映、再现社会秩序，它本身即是一种权力关系的生产过程，被命名的客体将因这一语词的褒贬含义而在象征层面获得有利或被边缘化的地位。① 随着城乡二元分治体制的确立，违反这一体制进入城市的农民即被管理方视作无序的、潜藏威胁的、需要被"规范"的客体，而城市中处于定位清晰的单位之中的居民也因之对这些"流窜"于城市中、职业不

---

① ［美］张鹂：《城市里的陌生人：中国流动人口的空间、权力与社会网络的重构》，南京：江苏人民出版社，2014年，第26页。

定、居所不定的农民群体产生了偏于贬义的刻板印象。由此，城乡二元结构不再仅仅是一种经济分离，而进一步地演化为一种社会分割。

二、"亦工亦农"：城乡流动的制度性调剂

然而，社会制度就其根本而言是一个利益分配系统，分配规则是不同参与主体角力后的结果；许多研究业已证明，法定制度的维持需要稳定其成员关于遵守制度可以获益（至少不长期受损）的预期，否则各式"反行为"将在日常生活中消解乃至超越该制度。[1]同时，作为行动主体之一的"国家"（决策者）也不至于完全看不到这一点而坐视制度勉强支撑直至崩溃。"前三十年"时期的国家固然有着极强的协议优势，但也并不意味着由其造就的制度体系可以忽略其80%的成员诉求而不做丝毫的让步——何况消除城乡差距虽在长远，但始终是社会主义中国的预期目标。

前文已述，部分农村地区由于人地关系紧张，出现了干部主动开具介绍信帮助农民"盲目外流"的现象；而城乡、工农之间的巨大差别所导致的农民的不满也无法

---

[1] ［美］杰克·奈特：《制度与社会冲突》，周伟林译，上海：上海人民出版社，2017年，第131、178页；高王凌：《人民公社时期中国农民"反行为"调查》，北京：中共党史出版社，2006年，第192页。

通过社教运动完全疏解。由于合法进城的渠道渐趋狭窄而企业和农民的需求不减(这一矛盾在精减期间更突出),许多"私人关系"活跃起来,除了通过正常的同乡和亲友关系告知需工信息外,滥用职权、冒用公章、财务作假、"包工头"及剥削等现象开始出现。城市"包下来"的就业体制所造成的劳动力调配低效也使得视生产任务为第一位的企业不得不寻求制度外的方式私招农村工人。而如果说农民的"盲目流动"对城乡分治秩序构成了显性的挑战,那么伴随着"大精简"与"充实农业战线"而来的"五亿农民搞饭吃"("以粮为纲""劳力归田"),将以种种或隐或显的"内卷化"形式在更长远但也更为根本的意义上制约整体经济发展的步伐。再说,"硬性规定不准农民进城是违反客观经济规律的"[1],"农业机械化应当加紧实行,以便从根本上提高农业劳动生产率"[2]。但是,赶超型现代化的发展战略并未改变,工农业基础仍然薄弱的国情并未改变,因而城乡分治秩序仍然有必要维持。于是摆在国家面前的任务是:必须设计出一种机制,在不打破大框架的前提下,既满足企业因生产发展而增长

---

① 中共中央文献研究室编:《陈云年谱》(下卷),北京:中央文献出版社,2000年,第50页。

② 《中共中央关于全党动手,大办农业,大办粮食的指示》,中共中央文献研究室编:《建国以来重要文献选编》(第十三册),北京:中央文献出版社,1996年,第517页。

的用工需要，又尽可能地减少由此带来的商品粮和其他福利设施需求的增加；既稳定农民的生产情绪，但又"不能改善太多"以致购买力与消费资料供应的差额进一步加大①；同时又能够使农业社增加现金收入，以满足农业向"机械化、电气化、水利化、化学化"发展所必需的资金。由此，国家必须在城乡二元结构之外，寻找一种沟通城乡、平衡工农的制度化途径，"亦工亦农"即应运而生。

一般认为，刘少奇最早提出并积极倡议"亦工亦农"，但就其制度来源及其最终形态而言，可以说是"上下互动"的结果。由于当时干部普遍认为"铁饭碗"是社会主义制度的优越性，因此刘少奇1957年上半年关于"在工厂有多余工人的时候，招收的工人没有工作可做时，是否可以暂时辞退"——试图使工人"亦农"的设想，最终只能"现在大家不赞成，可以不办"②。打破僵局的是来自基层使农民"亦工"的实践。山西沁县、湖南湘潭、四川雅安、安徽淮南等地，在1955年至1956年即开始试行并已形成制度。③这类试验在1958年初经地方报告、报纸报道等形式传达后，引起了中央的注意。1958年6月，中

① 中共中央文献研究室编：《陈云年谱》（下卷），北京：中央文献出版社，2000年，第100—101页。
② 中共中央文献研究室编：《刘少奇年谱》（下卷），北京：中央文献出版社，1996年，第396—397页。
③ 陈连生：《工农合一勤俭办矿——湘潭煤矿几年来坚持了合同工制度》，《劳动》，1958年第14期。

央批转《四川省委关于县以上新建工业企业，从农村招工，实行亦工亦农制度，不采取"包下来"的办法的请示报告》，要求各地组织试行推广。[①]1958年下半年，随着"大跃进"的全面发动，在"全党全民办工业"的气氛中，到当年12月，不仅城市中大中型工矿企业和基本建设工程中招收了"来自农村的简单体力劳动工人约300万人"，县以下工业更是"遍地开花"，社队工业中亦工亦农人员约达1500万人。[②]尽管这些新增加的来自农村的合同工在三年调整时期大多又被精减回农村，县以下及社队工业更是在"以粮为纲"的要求下大量关停，从业人员大量被压缩回农业生产第一线，但"大精简"同时也显示出这一制度"能进能出"的优越性[③]，这一制度事实上仍在一定范围内实行。随着生产的恢复，因精减而产生的劳动力缺额和人地关系的紧张促使企业"私招乱雇"和农民"盲目流动"开始泛滥。鉴于此，1964年5月中央

---

① 《当代中国的劳动力管理》编辑委员会编：《当代中国的劳动力管理》，北京：当代中国出版社、香港祖国出版社，2009年，第138页。

② 《劳动部党组关于如何推行亦农亦工制度的意见给中共中央的报告》，中国社会科学院、中央档案馆：《1958—1965中华人民共和国经济档案资料选编：劳动就业和收入分配卷》，北京：中国财政经济出版社，2011年，第100页。

③ "缩减几百万多余职工的工作所以能够比较顺利地进行，主要是由于实行了政治挂帅……去年以来实行的合同工制度、新厂新人新工资制度，对于缩减工作的顺利进行也都起了积极作用。"详见《劳动部党组关于1960年劳动工资计划的初步意见》，中国社会科学院、中央档案馆编：《1958—1965中华人民共和国经济档案资料选编：劳动就业和收入分配卷》，北京：中国财政经济出版社，2011年，第37页。

工作会议再度肯定"亦工亦农"制度，提出"有些季节性生产的企业和农产品加工工厂"以及其他工矿企业"今后可以建设在农村"或"分散建设在县城和集镇"，以充分利用农闲和剩余的农村劳动力，矿山、森工及基本建设单位可以采用轮换制度吸收农民做工①。1964年下半年以后，根据国家主席刘少奇的大力提倡和全国城市劳动力安置管理工作会议精神，各地区、各部门在各级党委的领导下，积极进行了亦工亦农劳动制度的试点工作。刘少奇提出"使工业劳动制度与农业劳动制度相结合，就是实行亦工亦农制度"②，即工作在工厂、户口在农村，或多或少与农业劳动保持一定联系。他说："我们国家人很多，乡村里面有很多剩余劳动力，要充分利用这个特点。"让农民闲时做工，这样对工人有利，对农民有利，对国家也有利，"今后增加工人，不要增加固定工，或者少增加固定工，大量地用临时工"。这样做，"家属也免得进城了，农民也学到技术了，对缩小城乡差别有好处"。③

① 《李富春关于第三个五年计划初步设想的说明要点》，中共中央文献研究室编：《建国以来重要文献选编》（第十八册），北京：中央文献出版社，1998年，第526页。

② 刘少奇：《关于两种劳动制度和两种教育制度》（1964年8月22日），中共中央文献研究室编：《建国以来重要文献选编》（第十九册），北京：中央文献出版社，1998年，第174页。

③ 刘少奇：《关于两种劳动制度和两种教育制度》（1964年8月22日），中共中央文献研究室编：《建国以来重要文献选编》（第十九册），北京：中央文献出版社，1998年，第176页。

截至1965年6月底，全国已有2500多个"亦工亦农"劳动制度试点单位，58万个"亦工亦农"劳动者。[①]矿山、森林、建工、建材、邮电、轻工、纺织、商业、水产、交通运输、水利电力、地质勘探等30多个行业，以及农村的排灌站、拖拉机站和其他各站，都已经试行这种新劳动制度。

一般而言，进入城市工矿企业的"亦工亦农"劳动者按工期长短可以分为3种：短期合同工（也叫临时工，对象不固定，一般不超过3个月）、长期合同工（非季节工一般连续雇用6个月以上，固定季节工则一般连续雇用4～6个生产季）和轮换工（一般3～5年轮换一次）。由于做工期限有别，故上述3种期限的亦工亦农劳动者在粮食关系方面略有不同。一般而言，多数单位规定轮换工和连续雇用一年以上的长期合同工在做工期间将户口和粮食关系转至企业，入厂前将当年分配的基本口粮卖给当地粮食部门换得兑粮证，然后由企业所在地粮食部门按固定工标准拨给，做工期间的布票亦按固定工标准分配；季节工和短期合同工则一般不迁户口和粮食关系，自带口粮，由国家补足与固定工的差额，不发给职工补助布票。[②]

"亦工亦农"劳动者的工资从其绝对值而言，一般低

① 《当代中国的劳动力管理》，北京：中国社会科学出版社，1990年，第14页。

② 《各地区、各部门试点企业对实行亦工亦农劳动制度若干问题的处理办法》，江苏省档案馆藏，档号：4027-005-0604-0002。

于同工种的城市固定工，尤其是以"外包"形式由农业社队自行组织人员完成的工作，由于做工社员缺少与固定工的直接比较，发包单位给出的工价要远低于同工种固定工的价格。而在厂做工的合同工和轮换工的工资情况则要复杂一些，其工资高于所在社队社员的一般工资是肯定的，但如何确定与固定工工资的关系则久而未决，各地实践也多有不同。1958年，"亦工亦农"制度最初动议时，刘少奇曾考虑"临时工的工资可以高一些，但不实行劳保条例"，即临时工工资高于同工种固定工工资一定百分数，作为对其不享受劳保福利的弥补。①而1964年10月，轻工业部对亦工亦农制度的调查报告则认为，"对于合同工的工资待遇，应该考虑工农之间、城乡之间的关系，掌握低于固定工、高于社员的原则"，"先应订低一些，由低到高比较主动"②。

"亦工亦农"制度为改革开放前的中国农民撑起了制度性的（虽然对于个人而言始终是暂时的）转身为工的渠道，为"以工补农"战略下农业自身的发展创造了自我积

① 刘少奇：《在四川省劳动工资座谈会上的报告》，中共中央文献研究室编：《刘少奇论新中国经济建设》，北京：中央文献出版社，1993年，第363页；中共中央文献研究室编：《刘少奇年谱》（下卷），北京：中央文献出版社，1996年，第427页。

② 《轻工业部两种劳动制度调查组关于实行亦工亦农制度的调查报告》，中国社会科学院、中央档案馆编：《1958—1965中华人民共和国经济档案资料选编：劳动就业和收入分配卷》，北京：中国财政经济出版社，2011年，第108—109页。

累的途径，也为改革开放的"边缘突破"和各项制度改革（如乡镇企业的繁荣、国有企业改革、劳动就业制度改革等）准备了人力资源和历史经验，但并未在根本上改变这一秩序对农民的制度性歧视，更遑论对整体经济管理思路和体制乃至城乡等级化社会观念的触动。

三、农民进城与社会发展

历史地看，限制农民进城对于当时的社会发展总体上具有积极意义。

对于城市来讲，通过控制农民进城，减轻城市的就业压力和包括粮油供给、社会保障在内的经济负担，使城市经济得以通过高投资、高积累的方式持续发展，在一定程度上维护城市的社会秩序，进而确保社会稳定。在当时的经济条件下，城市居民尽管比农民日子好过不少，但至多亦不过是一种"不完全的满足"。随着工业建设高潮的到来，城市人口增长的速度超过了城市建设的速度，难免会出现城市住宅、文化生活服务设施和市政公用设施紧张的状况。1960年，全国城市居民人均居住面积下降到3.1平方米，是新中国成立以来最低的水平。[1]为维护城市正常

---

① "当代中国"丛书编辑部：《当代中国的城市建设》，北京：中国社会科学出版社，1990年，第81页。

的社会秩序，限制农民进城成为势所必然。就具体影响而言，城市职工的大量精减在一定程度上纠正了1958年以后所出现的人浮于事和劳动生产率下降的势头。

对于农村来讲，限制农民进城也保障了当时农业生产的稳定。对于当时缺乏资金和技术投入，主要依靠人力增加来推动发展的农业来讲，数以千万计的人口从事农业生产，除了有助于大规模农田水利建设以外，也有利于通过增加单位劳动力的投入而增加农产品的产量。另外，制止农村人口盲目外流，对于稳定农村生产秩序也有重要影响。在农村人口大量外流的地区，甚至发生耕作计划不能完成、作物无人收割的严重现象。如果对农村人口大量外流的现象不加以制止，显然是非常不利于迅速发展农业生产和加强农村建设的。于是，1961年4月，中共中央在《关于农村人民公社当前政策问题的紧急指示信》中，对于农村劳动力要求做到：一是整劳动力和半劳动力（不包括辅助劳动力）达到农村人口的40%左右，其中整劳动力占2/3；二是以农村中整、半劳动力总数为100，公社和生产队两级占用的劳动力不能超过5%左右，其余的95%左右都归生产队支配；三是用于农业生产第一线的劳动力，农忙季节必须达到80%，其他方面所用的劳动力合计起来不能超过20%。这3条杠杠，是发展农业生产的保

证，必须努力做到。①在这3条杠杠的确保下，农村中注意
贯彻政策、安适生活，城市中进行了精减，加强了劳动力
管理，使农民外流现象大大减少，保证了农业生产的劳动
力调配。

从"一五"至"五五"期间，轻工业在国家建设投
资比重中始终未超过7％，而重工业除"一五"期间为
36.1％以外，其他时段一直都在45％以上，"二五"期间
甚至高达54％。国家向重工业投资比例过重，造成城市工
业结构重型化，严重制约了城市工业发展吸纳劳动力的潜
力。因此，今天看来，国家实施限制农民进城以及城乡人
口逆向迁移的政策也是不得已而做出的选择。

需要指出的是，政府不断变动调控城市与乡村结构关
系的宏观制度，其目的是改善城乡关系，结果却走向了反
面。自1961年起，城市和乡村之间，基本上是分离分治
的，形成中国社会结构中的"空间等级形态"。城市与农
村都在演绎着单一化的社会结构变动过程，农村人口处于
一个自我封闭的系统中，生产行为受到"以粮为纲"的限
制，农民也大都成了"粮农"，而城市的就业人口长期滞
留在第二产业，第三产业的结构型空缺致使城市吸纳劳动
力的能力大为削弱，城市化进程远远落后于工业化进程。

---

① 中共中央文献研究室编：《建国以来重要文献选编》（第十四册），北
京：中央文献出版社，1997年，第276—277页。

政府宏观社会管理制度的确立，要综合统筹，既要兼顾城乡利益均衡保护，又要有长远的发展规划。"大跃进"时期农民进城高潮的出现以及强制遣返不能不说是一个深刻的教训。农民进城参加工业建设，促进了当时的工业化进程，但由于城市建设的滞后，容纳空间有限，农民进城严重影响了城市正常的社会秩序，也影响了农业生产，政府再下令强制进城农民返乡，从而硬性改变进城农民的身份符号，引起了农民的对抗和不满。政府在农民进城时缺乏宏观调控，后来虽有调控，但措施不力，这种政策上的短视行为及政策的摇摆不定，构成了社会的不安定因素。

农村人口向城市的流动，是一个自然的历史过程，人为地采取"管""堵""卡""截"等管理措施，是对自然规律的挑战，必将影响整个社会的正常发展。新时期以来，"三农"问题甚至于"四农"（加上"农民工"）问题的凸显，正是城市化历史规律对新中国成立初期农民进城现象的一种反向回应，是对限制农民进城所积淀、酝酿、发酵问题而必然产生的反弹。包括政府在内的各种社会力量在应对农民工进城这一重大社会问题时，必须尊重城市化历史规律。

大量农民进城导致耕地抛荒，对农业生产构成了一定的危害，这种现象在当下农村仍然大量存在。如何避免这种历史教训，需要政府更有力的制度设计。乡镇政府在管理基层及农村社会方面依然是主要的力量，担负着维护基层和农村社会秩序的重担，需要很好地把国家政策与制度贯彻到基层，基层政府的作为或不作为，直接关系着农民的进城意愿。

第三章 "边缘"的早期"突破"

由乡镇企业带领的农村工业化革命，在改革的第一个20年里，对活跃中国非公有部门发挥了不可替代的核心作用，而农民就近进入乡镇企业实行就地转化（即所谓"离土不离乡，进厂不进城"）也一度被认为是符合中国经济社会现实的城镇化道路。然而，乡镇企业并非如许多媒体报道及报告文学所描绘的那样，似乎是"突然冒出来的"，"温州模式""苏南模式"等"边缘突破"的典型范例也并非"平地起高楼"，农村与城市经济联系及信息网络的建立（这是乡镇企业得以生存的必要条件）应当回溯到"前三十年"，观照这些突破的早期版本。

一、"亦工亦农"的再利用

一个社会，究竟能够拿出多少劳动力来从事工业、交通、商业、文化教育事业等，归根结底取决于从事农业生产的劳动力能够为社会提供多少商品粮食和为工业提供多少农产品原料。"大跃进"将农业之于工业及城市发展的这一约制前所未有地暴露出来，尽管领导人十分明了，"解决农业劳动力紧张的根本办法在于机械化，农业机械化应当加紧实行，以便从根本上提高农业劳动生产率"[①]，"硬性规定不准农民进城是违反客观经济规律的，要使农民不进城，要靠增产粮食，让农民搞多种经营，提高粮食的收购价格"[②]，但在紧迫的粮食危机和农业仍然依靠手工劳动为主、国家财政及物资供给均严重短缺[③]的现实面前，"以粮为纲、劳力归田"成为不得不采取的紧急手段。

1960年，中共中央发布《关于农村人民公社当前政策问题的紧急指示》，要求"公社和生产队（基本核算单位）两级占用的劳动力，不能超过5%左右，其余的95%左右都归生产小队支配；用于农业生产第一线的劳动力，

[①] 《中共中央关于全党动手，大办农业，大办粮食的指示》，中共中央文献研究室编：《建国以来重要文献选编》（第十三册），北京：中央文献出版社，1996年，第517页。

[②] 中共中央文献研究室编：《陈云年谱》（下卷），北京：中央文献出版社，2000年，第49页。

[③] 1961年，面对农村、农业、农民的严重生存困境，陈云提出自当年起粮食及主要农产品收购价平均提高20%～25%，当时即预计会增加农民的购买力而产生商品供给不足（差额达30亿元），因而不得不采取部分现金支付、部分以银行期票形式暂缓支付的办法，可见国家财政及物资供给之困难——因此此种补偿机制势难持续。详见《陈云年谱》（下卷），第57—59页。

农忙季节必须达到80%，社办工业、短途运输、林、牧、副、渔、生活福利、文化教育等各项事业所用的劳动力，合计起来不能超过20%。在农业没有实现机械化、农业劳动生产率还没有根本提高以前，这种比例维持不变。5年内，县以上各级各单位都不许再从农村抽调劳动力"。[①]经过调整，农业战线固然是稳定了下来，但农业多样化经营无疑受到了挫折，表1是苏州专区1957年底与1960年上半年和10月底农村劳动力分布的变化情况。

表1 苏州专区几个时期农村劳动力在分配使用方面的变化情况[②]

项目	1957年底		1960年上半年		1960年10月底		
	劳动力（万人）	占比（%）	劳动力（万人）	占比（%）	劳动力（万人）	占比（%）	10月较6月占比增减（%）
总计	191	100	162	100	167.7	100	—
农业	156	81.7	110	68.1	133	80	+11.9
林、牧、副、渔	12.6	6.6	17.58	10.8	10.8	6.4	−4.4
社办工业	3	1.6	8.9	5.5	4.56	2.7	−2.8
交通			1.95	1.2	0.99	0.55	−0.65
基建			0.67	0.4	0.23	0.12	−0.28

[①] 《关于农村人民公社当前政策问题的紧急指示》，《建国以来重要文献选编》（第十三册），北京：中央文献出版社，1996年，第670页。

[②] 《苏州专区1957年—1960年农村劳动力的变化与使用情况（资料）》，苏州市档案馆藏，档号：H10-001-0003-001。

项目	1957年底		1960年上半年		1960年10月底		
	劳动力（万人）	占比（%）	劳动力（万人）	占比（%）	劳动力（万人）	占比（%）	10月较6月占比增减（%）
文教卫生			2.54	1.6	1.85	1.1	-0.5
商业			3.06	1.9	2.48	1.45	-0.45
大队干部			3.12	1.9	2.44	1.4	-0.5
其他	18.2	9.5	3.35	2.1	2.35	1.5	-0.8

　　然而，尽管"以粮为纲"自此成为农业经营的首要原则，但既为"紧急手段"，则长久行之必产生新的问题。由于农村的副业队（或手工业合作小组、家庭手工业等）的产品大多与人民生活紧密相关——如服装鞋帽、竹藤棕草制品、小五金及小型农具等——其产值又高于基本用于糊口的种植业，因而"以粮为纲、劳力归田"一方面直接影响了物资供给和日常生活，另一方面也进一步加剧了农业特别是种植业因"糊口经济"无从自我积累从而难以推进机械化的困局。于是，早先单纯的"两种劳动制度"（即城市工矿企业向农村招收临时工、合同工）意义上的"亦工亦农"，很快扩展为农村社队工业的经营原则，即"农村人民公社的社办工业、手工业合作组织，生产大队和生产队的手工业生产小组，除了某些必须常年生

产的以外，都应该实行亦工亦农的原则，农闲多办，农忙少办或者不办"①。时任国家主席的刘少奇明确指出："乡村里的农民家庭手工业，大多是半农半工的，发展这种家庭手工业，并不会妨碍农业。乡下还有一些手工业工厂，农闲开工农忙停工，既供应产品，又不妨碍农业，也是可以办下去的。"②

随着三年调整接近尾声，1964年上半年起"亦工亦农"在全国广泛开展试点，小队、大队、公社乃至县一级的小型手工业和工业企业得到"松绑"，不仅获得了自行发展的许可，还一定程度上获得了来自城市及国营单位的支持。1961年的《农村人民公社工作条例》中"人民公社各级的集体经济单位和国家指定的国营企业，可以根据社员自愿和公私两利的原则，分别采取加工、订货、代购原料、代销产品、收购产品和公有私养等适当的方式，帮助社员家庭副业生产的发展，并且使它和集体经济或者国营经济联系起来"③的规定，在这一时期进一步得到落实。如云南省昌宁县财贸系统，为增加加工力量，帮助生产队

① 《中共中央关于城乡手工业若干政策问题的规定》，中共中央文献研究室编：《建国以来重要文献选编》（第十四册），北京：中央文献出版社，1997年，第438页。

② 刘少奇：《当前经济困难的原因及其克服的办法》，《建国以来重要文献选编》（第十四册），北京：中央文献出版社，1997年，第360页。

③ 《农村人民公社工作条例》，《建国以来重要文献选编》（第十四册），北京：中央文献出版社，1997年，第403页。

联系材料扶持社队举办了各种加工厂坊，由国家供给原料，社队组织加工，截至1965年12月底，全县队办的碾碓磨600盘、面条机23台、榨油机35台、白酒作坊18个、粉丝坊5个、土陶厂8个，1965年给国家加工粮油达293万斤，棉花加工，就地轧花43万斤。①再如无锡宜兴建新日用陶瓷厂在试行"亦工亦农"的过程中克服了过去与周边农村社队单纯的"买卖关系"，将在社做小坯的社员纳入工厂技术管理，构建"来厂学习和下乡辅导相结合"的技术输送体系，提高了社员的加工技术。②此外，在此前"大精简"中下放回乡的工人，也成为"亦工亦农"办工业的重要技术力量来源。"文化大革命"期间，县以下的"五小"工业（小钢铁厂、小化肥厂、小水泥厂、小机械厂、小煤矿）对农业积累有显著支持，如江苏省无锡县，在1971年至1972年依靠社队工业积累了近3000万元，各公社利用这一资金"除建造十四座电灌站、添置了五十三台拖拉机，还创办了牲畜良种场、农机厂、土化肥厂等"③；到1976年，无锡县社队工业共积累近2亿

---

① 《劳动部两种劳动制度办公室编亦工亦农情况反映第3期：云南省昌宁县财贸系统与社队挂钩实行亦工亦农制度推动了财贸工作，促进了农业生产》，江苏省档案馆藏，档号：4027-0050-0604-0013。

② 《建新日用陶瓷厂关于组织附近农民加工小坯，晒泥和堆放松枝经验的初步总结》，江苏省档案馆藏，档号：4027-005-0608-0001。

③ 《发展社队工业 坚持"四个不争"》，《人民日报》1973年2月14日，第2版。

元，其中44.7%用于农业，1976年当年依靠这一积累投资农业1749万元，相当于当年国家投资的7倍①。这种情况通过《人民日报》的报道和地方干部的汇报引起了国家的注意。1975年9月全国农业学大寨和中央农村工作座谈会期间，毛泽东批转了3件报告地方工业支援农业作用的文书，并作为正式文件印发给与会人员，会后《人民日报》集中地报道了各地"五小"工业的发展经验，此类"亦工亦农"的形式进一步得到推广。②

20世纪90年代末，由黄平牵头负责的一项田野调查回溯了作为"苏南模式"典型代表的某县某村的发展史：其村办工厂（1993年底已获净利润1894万元，技术水平达国际先进）的前身是一家在六七十年代以"办好工业保农业"为口号保下来的小型农机修理站，其最早的技术力量来自60年代初国家因经济困难而精减回乡的工人，此后80年代的"腾飞"离不开70年代末80年代初的"子女顶岗"制度中回乡的老工人，他们"为村办企业带来了技术、经验、信息和一些交际关系"。建于1968年的这家小型修理站，到1978年产值已有52万元，随后该厂借助上海的退休工人，在原有基础上开办了印染机械厂，此为产业"升

---

① 朱万悦：《"文革"前后苏南社队企业发展原因的历史考察——以无锡县为例》，《档案与建设》，2017年第5期。
② 徐俊忠：《探索基于中国国情的组织化农治战略——毛泽东农治思想与实践探索再思考》，《毛泽东邓小平理论研究》，2019年第1期。

级"之第一步；1981年，该厂又设法与位于南通一家资金困难而设备完整的工厂"联营"，完成了第二步产业"升级"。在盘活该厂后，其间获取的资金、技术和管理经验又通过参与联营后回乡的村民为该村所共享，促进了该村印染厂在产业链上的扩张和市场的开拓。至调查进行时，该村村办工厂已经成为"亿元厂"。[①]

截至1978年底，全国共有社队企业152.4万个，其中社办企业32万个，大队办企业165.4万个；共有2826.2万从业人员，占整个农村劳动力数量的5%。[②]尽管此种形式的"亦工亦农"之于农村社员而言，并非作为劳动力直接地进城，但其以商品、技术和信息的形式与城市上游企业及市场建立起了稳定的联系，为20世纪80年代兴起的乡镇企业提供了发展的基础，为农业人口的"非农化"转移、农村的城市化提供了切实的动力。

二、早期流动网络的形成

"自流"的农民要冒着被收容遣送的风险，并且努力在吃、穿、住、行均定量供应、严格管制的缝隙中寻

---

① 黄平主编：《寻求生存——当代中国农村外出人口的社会学研究》，昆明：云南人民出版社，1997年，第178—184页。
② 《1979年全国社队企业发展情况》，《农业经济丛刊》，1980年第5期。

找"生存"和"驻扎"的可能性。那么，这些到处"跑"
的农民是如何"营生"，以使得全国性的信息网络得以建
立呢？

首先，完全"自流"的农民，未必在流入地有亲眷接
应，但生活门路却是多方面的。做临时工（如拖劳动车、
扛包等）、帮佣、当小贩、拾荒、流动修旧货、弹棉花等
等，城市中对小型服务业的需求为农民提供了立足的可能
性。食宿方面，粮食，或买（向城市居民买粮票/交易现
粮）或带，住宿问题依流动距离和形式而定，有住桥洞、
街道的，有住船里的，也有住在服务对象家中，或者在
郊区/村中租住空房或仓库的。这一类形式的"流动"按
当时的定义，是毫无疑问的"投机倒把"，因此一旦被发
现即会被"遣送"回原籍，对此，农民的应对方式是能
逃则逃、能躲则躲，"被抓住了要老实，过了风头再出
来"。[1]比这种"自由漂浮"稍"安全"的流动方式是经
由在外有正式工作的亲眷（或同乡）的信件，在大队或公
社开一张"剩余劳动力"名义的证明材料，进入对方所在
的单位做临时工，食宿在厂（口粮可自带也可由厂发代粮
券）。由于有固定的居所和岗位，这种形式的"流动"相
对来说不易被发现，但如若遭遇"增产节约"或针对"私

---

[1] 项飙：《跨越边界的社区：北京"浙江村"的生活史》，北京：生活书
店出版有限公司，2018年，第78页。

招乱雇"的临时性运动和检查,也会毫无疑问地被遣返。

其次,通过集体性质的"修建社""建筑队""副业队""远耕队""采伐队"等相对合法的形式,承接城市中的工程发包。不过,此类方式的"合法性"也有不同。最正规的,自然是名实符合的、由集体组织、统一核算、资质齐全的专业劳动队。这种情形下,劳动队往往有固定的承包对象,城市发包者按"就近、就穷、就人多地少"的原则与附近农业社队建立合作关系,彼此距离一般不会跨越地区或地级市,一般即在就近的县城。次一些的,是通过个人关系,为集体劳动队获取工程发包。正是因为工程可能跨越省界、存在层层发包的情形,故在转包的过程中容易演化出一些边缘行为,所以在合法性上"次"些。比如,同时拥有与国营企业和集体劳动队"关系"的个人可能将此种关系"变现",借用具备资质的集体劳动队的公章办理手续,实际发包给第三方(往往是私人组织的农民劳动队,通过阴阳合同赚取差价,而后给集体劳动队包价5% ~ 15%的"管理费"作为出借公章的好处。)。①最次的,则是一些人多地少而粮食征购任务又较重地区的农村社队,在不具备建立专业化副业队的条件下,开

---

① 《苏州市劳动局关于蔬菜公司通过非法"包工头"擅自招用农民工情况的通报》,江苏省档案馆藏,档号:4027-003-0435-0010;黄文忠、石启志、陈有麟、张芳源:《试论新生资产阶级分子的特点》,《福建师大学报(哲学社会科学版)》,1978年第4期。

具"搞副业"的证明给社员外出流动。这种证明事实上不具备"流动"的合法性，在流入地或中转地的大城市进行集中性的制止流动运动时，揣着这类证明的人员会被一道遣返。

但无论如何，络绎不绝的"流动者"最终在看似无懈可击的城乡藩篱上，或"顶"或"钻"，扒出了缝隙，逐渐积累了外出的经验，获得对城市市场的基本认知（服务行业的结构性空白），并通过亲族等初级社会网络共享了商业信息和与政府打交道的"知识"。改革开放的春风甫降，最先进入城市的农民，大多是由这类早有流动经验的"活跃"分子及其年轻的后辈构成的——著名的温州农民经销员大军，即体现了早期流动网络在收集信息、降低交易成本上发挥的重要作用。

第四章　"离土不离乡，进厂不进城"

　　20世纪70年代末开启的改革开放发轫于农业生产领域，而在农业生产领域，最先发生变革的是农村土地制度和农业生产经营方式，即为人所熟知的家庭联产承包责任制改革①。这一制度使农民获得了生产经营和利益处置的自主权，从而激发了农民生产劳动的积极性。作为生产效率提高的结果，农民不再被固着在土地上，可以从事非农生产。但在1984年以前，政府仍然严格控制农民外出流动就业，鼓励农村内部非农就业，而乡镇企业在改革开放的第一个10年里的异军突起，确为这种从事非农生产的期望提供了实现的可能性。

一、家庭联产承包制的实行：农民离土

　　人民公社时期，公社制度以抽象的集体利益取代了以

----

① 许庆：《家庭联产承包责任制的变迁、特点及改革方向》，《世界经济文汇》，2008年第1期。

家庭为表现方式的个人利益，并极大地遏制了家庭的权利。农民生产积极性不高，农村经济状况也日益恶化。这致使1958年到1978年间的中国农业生产处于"长期停滞与徘徊状态"①。由于农产品供给严重不足，农民不得温饱，城市食品严重短缺，影响了国民经济的整体发展，并引发很多社会问题和政治问题。

1978年底，中共十一届三中全会成功召开，确定把全党工作重心转移到社会主义现代化建设上来，还提出必须集中主要精力把农业尽快搞上去。全会制定了《中共中央关于加快农业发展若干问题的决定（草案）》，发到各省（市、区）讨论执行。这个草案虽然肯定了"包工到作业组，联系产量计算劳动报酬"的责任制，提到了尊重生产队的自主权等鼓励发展生产的措施，但仍做出"不许包产到户，不许分田单干"的禁限。1979年9月，中共十一届四中全会修改并正式通过了《中共中央关于加快农业发展若干问题的决定》，将草案中"不许包产到户，不许分田单干"的表述，改为"不许分田单干"，而且为"包产到户"留有了一定的制度空间：允许出于某些副业生产的特殊需要和边远地区、交通不便的单家独户包产到户。

1980年春，关于是否包产到户，党内外争议比较激

---

① 《邓小平会见南共联盟中央主席团委员科罗舍茨时的谈话》，《人民日报》1987年6月13日。

烈。赞同者指出，少数集体经营长期办得很不好，群众生活很困难的，自发包产到户的，应当热情帮助搞好生产，积极开导他们努力保持，并逐步增加统一经营的因素，不要硬性扭转，与群众对立。但也有不少反对者。9月，中共中央印发《关于进一步加强和完善农业生产责任制的几个问题——一九八〇年九月十四日至二十二日，各省、市、自治区党委第一书记座谈会纪要》的通知，具体说明了这个文件是中央召开的省、市、自治区党委第一书记座谈会上讨论有关加强和完善农业生产责任制问题而整理出的讨论纪要。中央同意纪要的各项意见，为澄清思想，统一认识，希望各地遵照执行。文件指出，对于包产到户应当区别不同地区、不同社队采取不同的方针。在那些边远山区和贫困落后的地区，长期"吃粮靠返销，生产靠贷款，生活靠救济"的生产队，群众对集体丧失信心，因而要求包产到户的，应当支持群众的要求，可以包产到户，也可以包干到户，并在一个较长的时间内保持稳定。文件不仅强调了集体经济是我国农村经济的基础，更充分肯定了专业承包联产计酬责任制，并对包产到户的办法给予基本的肯定。中央指示下达后，生产责任制推广范围迅速扩大，包产到户、包干到户等各种联产责任制形式迅速发展。到1981年10月底，全国农村基本核算单位中，建立各种形式生产责任制的已占97.8%，其中包产到户、包干到户的占到50%。[①]

在广大农村的实践推动下，中央于1981年冬召开了全国农村工作会议。根据会议精神，中央下发了1982年的中央"一号文件"（即《全国农村工作会议纪要》），正式肯定了土地的家庭联产承包经营制度，承认包产到户的合法性，尊重群众的选择，并宣布长期不变。这是中共中央发出的第一个关于"三农"问题的"一号文件"，第一次明确地肯定了"双包"制（包产到户、包干到户）的社会主义性质，结束了几年来围绕"包产到户"的争论，"包产到户"从此成为中央的决策。这就进一步消除了人们的思想疑虑，促进了包产到户的迅速发展。1983年1月，中共中央发出《当前农村经济政策的若干问题》，指出以包产到户、包干到户为主要形式的家庭联产承包制"是在党的领导下我国农民的伟大创造"，要求"凡是群众要求实行这种办法的地方，都应当积极支持"[②]。这是中共中央发出的第二个关于"三农"问题的"一号文件"。1984年1月1日，中共中央发出《关于一九八四年农村工作的通知》，即第三个"一号文件"，强调要继续稳定和完善联

---

① 朱莉、吴道军、王天维主编：《现代农业》，贵阳：贵州人民出版社，2014年，第100页。

② 《当前农村经济政策的若干问题（1982年12月31日）》，中共中央文献研究室：《十二大以来重要文献选编》（上），北京：中央文献出版社，2011年，第219页。

产承包责任制，延长土地承包期。规定土地承包期一般应在15年以上。这个文件使农民吃下了"长效定心丸"。此后，家庭承包经营进入稳定完善阶段。

"双包"制尽管在如今的一般论述中不做区分，但在20世纪80年代初，"包产到户"因为比"包干到户"多了一层在生产队"统一核算、统一分配"的手续，较早在政策层面获得"松绑"，也更为当时主流的经济学家和理论家所支持[1]；然而在实际推行中，却是后者逐渐占据了主流。据陆学艺当时的调查，"到1981年10月，全国搞包产到户的生产队占7.1%，包干到户的占38%，到1982年6月，搞包产到户的占4.9%，包干到户的占67%"，"到1983年全国普遍实行家庭联产承包责任制，绝大部分都是搞包干到户"。[2]

家庭联产承包责任制的核心是一个"包"字。通过承包合同，把承包户应向国家上交定购粮和上交集体经济组织提留的粮款等义务同承包土地的权利联系起来，实现了所有权与经营权的相对分离。"交够国家的，留足集体的，剩下都是自己的"，从而调动了广大农民的生产及经营积极性。它彻底改变了我国农村旧的人民公社经营管理

---

[1] 文景：《包产到户与包干到户的同异》，《甘肃理论学刊》，1982年第2期。

[2] 陆学艺：《农村第一步改革的回顾与思考》，《社会科学战线》，2009年第1期。

体制，解放了农村生产力，也为后来农村劳动力外出务工做了制度上的铺垫。

农民的生产积极性被调动起来后，农业经济效益和劳动生产率随之提高，这都为农民从农业中转移出来创造了物质上的必要前提。随着以家庭联产承包责任制为核心内容的农业生产领域改革的巨大成功，"变革"延伸至生产领域之外的各项社会制度。既有的人民公社体制曾长期束缚广大农民的自由发展和生活水平的提高。如果不改革人民公社体制，全方位的农村改革是不可能成功的。1983年1月，中共中央在《当前农村经济政策的若干问题》中指出："人民公社的体制，要从两方面进行改革。这就是，实行生产责任制，特别是联产承包制；实行政社分设。政社合一的体制要有准备、有步骤地改为政社分设，准备好一批改变一批。在政社尚未分设以前，社队要认真地担负起应负的行政职能，保证政权工作的正常进行。在政社分设后，基层政权组织，依照宪法建立。"①当年，全国共有12702个人民公社宣布解体，其中实行"包产到户"的生产队有576万个，占总数的98%。1984年，39838个人民公社宣布解体。到1985年，仅剩的249个人民公社解体。

---

① 《当前农村经济政策的若干问题（1982年12月31日）》，中共中央文献研究室：《十二大以来重要文献选编》（上），北京：中央文献出版社，2011年，第221页。

至此，人民公社和它下属的生产队制度不复存在，取而代之的是61766个乡镇政府和847894个村民委员会。①

政权更替导致制度瓦解，这在人类历史上较为正常；但在同一政党领导下，发生如此全方位的制度变革，这在古今中外都是难得的创举。人民公社制度的废除解放了包括劳动力在内的各种农业生产要素，为农民从农业中转移出来解除了制度约束，使农民和土地的制度性束缚不复存在。农民不再被强制只能务农，农业生产模式也不再是"以粮为纲"，农民在自己承包经营的土地上获得了经营自主权，使农业生产呈现出经营多元化的趋势，使得多种所有制、各个产业部门在农村都有了实质性的发展。在农业生产领域的迅猛发展势头中，乡镇企业一度在中国农村茁壮成长，极大地改变了农民的生产生活和农村社会的形貌。而这一切更深入的变革，都始自广大农民的创造力，以及党和政府突破"一大二公"体制束缚的勇气和理论创新的自信与决心。

二、乡镇企业的发展：农民进厂

然而，家庭联产承包责任制虽然解决了农村居民的吃

---

① 凌志军：《1978历史不再徘徊》，北京：人民出版社，2008年，第273—274页。

粮问题，却并没有解决农村居民的贫穷问题，家庭经营所获取的少量现金收入在不断增加的子女教育、健康医疗、家庭建房，甚至包括儿女婚嫁的现金支出面前捉襟见肘。一项受联合国粮农组织委托、以中国4省8村280户的驻村入户访谈资料为主要依据的研究显示，1994年，被访的30户农户，在不算农业投入以及人情往来、教育投入的情况下，纯靠种植业收入，扣去日常消费后，户均仅盈余10.24元。[①]家庭联产承包责任制带来的"发展效益"，更多地体现为解决粮食危机后，农业隐性剩余人口的解放。农民离土促使个体经济发展迅速，促使农村开始打破单纯农业生产的格局，而乡镇企业的发展为农民创造了"走向小康"的就业机会。

"前三十年"为边缘突破奠定了早期的格局；而改革开放则使其终于甩开"左"的束缚并茁壮成长。作为乡镇企业前身的社队企业，在"前三十年"固然奠定了基础，并初步建立起了与上游生产链和市场的联系，但毕竟"底气不足"，在算"政治账"不算"经济账"的年代里，除经常受到运动的冲击外，还存在先天的不足：自给性高于商品性。直至中共十一届三中全会后《关于加快农业发展若干问题的决定（草案）》明确提出"社队工业要有一

---

① 黄平主编：《寻求生存——当代中国农村外出人口的社会学研究》，昆明：云南人民出版社，1997年，第89页。

个大发展",伴随着党的工作重心向经济建设的转移,农村非农化经营在制度上有了合法的依据。自此以后,国务院相继发出关于发展社队企业的若干规定,对一些方针政策做出明确的规定。1984年1月,中共中央发出的第三个"一号文件",把改善农村劳动力的就业结构提升到关乎国家发展的战略高度,努力改变农村劳动力的就业机制,规定"1984年,各省、自治区、直辖市可选择若干集镇进行试点,允许务工经商、办服务业的农民自理口粮到集镇落户"①。这样一来,政府从政策层面放松了对农村劳动力进入城镇就业的控制。1984年3月1日,中共中央、国务院正式批转了农牧渔业部《关于开创社队企业新局面的报告》,同意将"社队企业"改名为"乡镇企业",还特别强调指出,农业逐步现代化,要不断安排多余劳力,筹集大量资金。这两者都离不开发展社队企业和社员联营企业。因为根据发达地区的经验,机械化程度提高之后,农业能够容纳的劳力或劳动时间不超过3/10,林、牧、渔业能够容纳的劳力或劳动时间不超过2/10,能进城市或工矿区就业的不超过1/10;其余4/10以上,即1亿以上的劳力只能向农村(包括集镇)工业、建筑业、运输业、商业和

---

① 《中共中央关于一九八四年农村工作的通知》(1984年1月1日),中共中央文献研究室:《十二大以来重要文献选编》(上),北京:中央文献出版社,2011年,第371页。

其他服务业以及家庭工副业寻求出路，否则将成为严重的社会问题。因此，社队企业和社员联营企业都应争取有几倍的增长。[1]号召各地采取多种举措发展社队企业。

1985年1月1日，中共中央、国务院颁发《关于进一步活跃农村经济的十项政策》，即第四个"一号文件"。其中心内容是调整农村产业结构，取消30年来农副产品统购派购制度，对粮、棉等少数重要产品采取国家计划合同收购的新政策。与此同时，国家还将农业税由实物税改为现金税。种种政策调整的首要目标就是改革农副产品统购派购制度。统购统销制度曾对中国老百姓日常生活造成了长久而持续的影响。1953年10月16日，中共中央发出了《关于实行粮食的计划收购与计划供应的决议》，统购统销制度开始实施。这项制度以稳定粮价和保障供应为目的，取消了原有的农业产品自由市场。在计划经济时期，统购统销曾起到保证供给、支持建设的积极作用，但随着生产的发展，它的弊端日益表现出来。由于对农产品实行全面垄断，所谓"统购统销"就不仅仅是一项购销体制，而变成了一种很难改变的、带有刚性的国民收入再分配体制。这种体制迫使农民长期为工业建设做出牺牲。对农民

---

[1] 《中共中央、国务院转发农牧渔业部和部党组〈关于开创社队企业新局面的报告〉的通知》（1984年3月1日），中共中央文献研究室：《十二大以来重要文献选编》（上），北京：中央文献出版社，2011年，第375页。

而言，统购统销制度涉及人数之众与持续时间之长，使得看似平平淡淡的农产品购销对社会生活的影响，实际超过了包括"文化大革命"在内的任何一场轰轰烈烈的政治运动。[①]在统购统销的制度安排下，农民没有权力处理自己的产品，农民只能把完成国家征购后的余粮留作自己的口粮，农民生产的农副产品，往往农民自己吃不到，在农村也买不到。在统购统销制度的背景下，城镇居民长期实行低工资和食品低价供应制度。国家为贴补职工的生活，又发展出针对城市居民的一系列福利制度，造成了制度性的城乡隔离，导致工农差别日益加剧。[②]票证是城乡差别中最具实质的内容之一，大多数商品都是凭票供应的。在票证制度作用下，城镇居民的日用品消费几乎全是凭票供应，还有一些票证是城市居民的一种特权，农村人口无法享受。全国各省市发行的地区粮票互不流通，出门要换取全国通用粮票，而全国通用粮票又受到严格控制，加剧了农民进城的困难。当时农村里的人去城里走亲访友，往往会用手帕包上半斤米。出去做工就只能自带口粮。伴随统购统销制度的取消，造成城乡隔离的票证制度也逐渐退出历史舞台。统购统销制度的废除，极大地活跃了城乡社会

---

① 雷颐：《"日常生活"与历史研究》，《史学理论研究》，2000年第3期。
② 宋学勤：《制度与生活之间的张力：1956至1966年间人民物质生活状况述论》，《社会科学战线》，2011年第4期。

经济生活，促进了城乡流动。

改革农副产品统购派购制度的成效十分显著，农村经济开始搞活了。1986年1月1日，中共中央、国务院下发《关于1986年农村工作的部署》，即第五个"一号文件"。文件进一步摆正了农业在国民经济中的地位，提出要落实政策，深入改革，推动农村经济持续稳定协调地发展。同时对乡镇企业的发展及其远景做出部署，指出："在我国条件下，农业和农村工业必须协调发展，既不可以工挤农，也不可以农挤工。应当指出，不发展农村工业，多余劳力无出路，也无法以工补农。反之，没有农业提供不断增多的食品和原料，农村工业也难以持续发展。这两种结果，都会影响经济增长和社会安定。乡镇企业在短短几年时间里，产值已达2000亿元以上，吸收劳力6000万人，为我国农村克服耕地有限、劳力过多、资金短缺的困难，为建立新的城乡关系，找到了一条有效的途径。这证明它是有强大生命力的，具有重要的经济和政治意义。中央各部门和各地方，都要积极扶持，合理规划，正确引导，加强管理，使乡镇企业保持健康发展。"[①]从1982年到1986年，党中央制定和颁布了关于农村工作的5份文件，即5个"一号文件"。这5个"一号文件"，通

---

① 《关于1986年农村工作的部署》（1986年1月1日），中共中央文献研究室：《十二大以来重要文献选编》（中），北京：人民出版社，1986年，第875—876页。

过对家庭联产承包制的肯定，使亿万农民逐步从绵延数千年"面朝黄土背朝天"的生产模式中解放了出来。通过非农经营、发展乡镇企业等方式，在解放生产力的同时，实现了劳动力自身的进一步解放，使广大农民开始参与到中国工业化、城市化的伟大历史进程中，激发了亿万农民的生产积极性，并开创了中国农村改革发展的新局面。

自此以后，乡镇企业的发展进入一个"异军突起"的新阶段。1988年，乡镇企业从业人员为9546.45万人。1989年，人员总数下降为9366.78万人，并于1990年下降为9264.75万人。但经过短暂的调整之后，这个数字在1991年上升到9609.11万人，1992年上升到10624.59万人。[1]这一阶段的改变涉及方方面面。首先，乡镇企业的发展为农业剩余劳动力提供了大量的就业机会。1978年，全国乡镇企业就业人数为2826.6万人。1992年，这个数字是1978年就业人数的3.7倍。[2]其次，乡镇企业的发展使农民收入大幅度增加。我国农村居民家庭人均收入由1978年的133.6元增加到1992年的784.1元，其中乡镇企业对于收入增长的贡献非常大。[3]最为重要的是，乡镇企业的发展为农村经济注入了巨

---

[1] 国家统计局：《中国统计年鉴（1999）》，北京：中国统计出版社，1999年。

[2] 赖德胜、李长安、张琪主编：《中国就业60年：1949—2009》，北京：中国劳动社会保障出版社，2010年，第133页。

[3] 赖德胜等主编：《中国就业60年》，北京：中国劳动社会保障出版社，2010年，第137页。

大活力。1987年乡镇企业产值比重首次超过了农业产值，其增长速度远远超过国民经济的增长速度。在20世纪80年代前期的一段时期内，我国农民收入稳定快速增长且增速快于城市，城乡居民收入差距逐步缩小，中国农民不仅告别了"饥饿"，而且看到了逐步从温饱向小康迈进的前景。

1987年6月，邓小平在谈到乡镇企业的发展成效时，曾说：

> 农村改革中，我们完全没有预料到的最大的收获，就是乡镇企业发展起来了，突然冒出搞多种行业，搞商品经济，搞各种小型企业，异军突起。这不是我们中央的功绩。乡镇企业每年都是百分之二十几的增长率，持续了几年，一直到现在还是这样。乡镇企业的发展，主要是工业，还包括其他行业，解决了占农村剩余劳动力百分之五十的人的出路问题。农民不往城市跑，而是建设大批小型新型乡镇。如果说在这个问题上中央有点功绩的话，就是中央制定的搞活政策是对头的。这个政策取得了这样好的效果，使人们知道我们做了一件非常好的事情。这是我个人没有预料到的，许多同志也没有预料到。①

---

① 邓小平：《改革的步子要加快》（1987年6月12日），《邓小平文选》第3卷，北京：人民出版社，1993年，第238页。

乡镇企业的发展使农村劳动力就业多元化，不仅为农村就业开辟了新的渠道，成为吸纳农村剩余劳动力的主体，而且改变了农民的就业观念，"离土不离乡"的就业观念推动了农村劳动力市场的形成。乡镇企业发展之后，土地不再成为劳动力流动的障碍。本地劳动力以兼业的方式进入乡镇企业，开始向非农产业转移，使中国的就业结构发生了明显变化。

三、"就地转化"思路再评价

从执政党当时的设想来看，中央领导人对是否全面放开人口流动限制的问题在最初并没有明确的答案。1980年8月2日至7日全国劳动就业工作会议召开，会议在城镇解决劳动就业问题上放开了政策，实行在国家统筹规划和指导下，劳动部门介绍就业、自愿组织起来就业和自谋职业相结合的方针，鼓励和扶持个体经济适当发展。但对农业剩余劳动力，采取的政策是发展社队企业和城乡联办企业等加以吸收，并逐步建设新的小城镇。从会议精神可以看出，当时只是准许农民由农业向非农领域流动，引导劳动力向乡镇企业就业，而外出流入大中城市就业的农民并没有得到政策的支持，并且还要接受各级地方政府城镇就业计划的制约而处于严格管制之下。

　　"离土不离乡，进厂不进城"、农民"就地转化"的思路极贴切地反映了改革开放初期，计划经济时代遗存的城乡管理制度对改革思路的制约。"前三十年"对于农民进城严格控制的缘由，除了粮食危机，还有其他"公共物品"的危机——"消灭失业""优先改善工人生活"的承诺在重工业单向突进的情况下，顶多只能在城市，并且也只能是在低水平的程度上予以保障——每一个正式单位中定员的给出，即意味着一整套保障体系的相应扩展，也意味着财政负担的增加（城市公共物品的低价是财政巨额"暗补"的结果）。如若农民大量进城，城市中的就业乃至公共物品供需形势就会进一步恶化，这一点在改革开放初期、大量"上山下乡"知青返城后显得更为严峻。为应对城市严峻的就业形势，中央提出了"三结合"的就业方针，积极推动各类劳动服务公司的发展，以替代过去的"上山下乡"成为新的劳动力蓄水方式，务使新生的、尚未就业的城市劳动力暂时有个去处，以促进社会安定团结①；与此同时，仍然强调安置农村剩余劳动力的主要出路是在农村，通过提高农产品收购价、给予乡镇企业以优惠条件来引导农民留在农村，实现"就地转化"。在乡镇企业发展尚未"井喷"时，甚至发展乡镇企业也被警告称

---

　　①　《当代中国的劳动力管理》，北京：当代中国出版社、香港祖国出版社，2009年，第298页。

不仅要考虑自身的成本，还要考虑生产资料和消费资料能承受的极限。

　　农村联产承包责任制从根本上解决了我国农产品短缺问题，同时私营企业、乡镇企业的大量涌现及地区经济发展的差异需要劳动力的流动，此后，政府才开始放松对人口迁移的控制。今天我们评价"离土不离乡，进厂不进城"的农村工业化思路，固然要放在当时之现实条件下思考其必然性、承认其合理性，但也必须反思其背后隐含的"出生地限定"的深刻不公：乡镇企业是对城乡二元分治秩序下"身份等级制"造成差距的事实弥补/改善，但造就"身份等级制"的户籍制度改革势在必行。①

---

　　①　秦晖：《"离土不离乡"：中国现代化的独特模式？》，《东方》，1994年第1期。

第五章　"离土又离乡，进厂又进城"

如果说1978年是中国改革的破局之年，那么城镇经济体制改革启动的1984年可谓是改革在全国达成共识的一年。城镇改革对城乡流动最大的影响是对户籍制度进行有限的调整，允许农民自带口粮到小城镇务工经商。同时，随着城镇改革的推行，经济活动空间增加，这就为农民进城提供了更多的机会。

一、城市经济体制改革的开启与城乡户籍管理制度的松动

改革开放以前，我国长期实行计划经济体制。计划经济体制虽有助于在短期内医治旧中国遗留下来的经济恶性波动，但伴随经济运行进入轨道，其僵化、低效的缺陷逐渐暴露。20世纪50年代至70年代，我国曾试图对计划经济体制做出一些调整，但框架内的修补改良难以根除体制

痼疾。改革开放的推进，进一步触及指令性计划体系的内核，更深层次的矛盾和问题随之出现。1979年3月，陈云这位长期管理国家经济的领导人撰写了一份关于计划和市场问题的提纲，指出，苏联和中国社会主义建设有一个共同的问题就是只有有计划按比例这一条，没有市场调节。以后要坚持以计划经济为主，但也要有市场调节，前者是主要的，后者是次要的，但又是必不可少的。1979年11月，邓小平在会见一位美国客人时甚至说出"中国也可以搞市场经济"的概念。但这个阶段，显然还是以计划经济为主、市场调节为辅的阶段，这个阶段从1978年一直持续到1984年。

到1984年，经济体制改革取得重大突破。1984年10月20日，中国共产党第十二届中央委员会第三次全体会议通过《中共中央关于经济体制改革的决定》（以下简称《决定》），标志着中国的城镇经济体制改革开始启动。《决定》指出，改革是为了建立充满生机的社会主义经济体制。传统计划经济体制的主要弊端是政企职责不分，条块分割，国家对企业统得过多过死，忽视商品生产、价值规律和市场的作用，分配中平均主义严重。这就使本来应该生机盎然的社会主义经济在很大程度上失去了活力。改革经济体制，是在坚持社会主义制度的前提下，改革生产关系和上层建筑中不适应生产力发展的一系列相互联系的环节和方面。这种改革是社会主义制度的自我完善和发展。《决定》提出："改革计划体制，首先要突破把计划经济同商品经济对立起来的传统观念，明确认识社会主义计划经济必须自觉依据和运用价值规律，是在公有制基础上的有计划的商品经济。商品经济的充分发展，是社会经济发展的不可逾越的阶段，是实现我国经济现代化的必要条件。"《决定》强调：增强企业活力是经济体制改革的中心环节。这就需要解决好国家和企业、企业和职工之间的关系。要给企业以生产和经营的自主权，使企业真正成为相对独立的经济实体。同时要保证劳动者在企业中的主人翁地位，充分发挥劳动者的积极性、智慧和创造力；要有步骤地适当缩小指令性计划的范围，适当扩大指导性计划的范围。要建立合理的价格体系，充分重视经济杠杆的作用。必须改革过分集中的价格管理体制，逐步缩小国家统一定价的范围，适当扩大有一定幅度的浮动价格和自由价格的范围。要实行政企职责分开，正确发挥政府机构管理经济的职能；要建立多种形式的经济责任制，认真贯彻按劳分配原则。要积极发展多种经济形式，进一步扩大对外的和国内的经济技术交流。要充分利用和开拓国内及国外两种资源、两个市场，学会组织国内建设和发展对外经济关系两套本领。要起用一代新人，造就一支社会主义经济管理干部的宏大队伍。

《决定》指出，我国经济体制改革首先在农村取得了巨大成就。长期使我们焦虑的农业生产所以能够在短时期内蓬勃发展起来，显示了我国社会主义农业的强大活力，根本原因就在于大胆冲破"左"的思想束缚，改变不适应我国农业生产力发展的体制，全面推行了联产承包责任制，发挥了8亿农民巨大的社会主义积极性。农村改革的继续发展，使农村经济开始向专业化、商品化、现代化转变，这种形势迫切要求疏通城乡流通渠道，为日益增多的农产品开拓市场，同时满足农民对工业品、科学技术和文化教育的不断增长的需求。农村改革的成功经验，农村经济发展对城市的要求，为以城市为重点的整个经济体制的改革提供了极为有利的条件。

城市经济体制改革的启动，推动了城乡户籍管理体制的改革。从1984年开始，国家准许农民自筹资金、自理口粮，进入城镇务工经商。当年10月13日，国务院批转公安部《关于农民进入城镇落户问题的通知》，农民可有条件落户县以下集镇。文件规定，凡申请到集镇务工、经商、办服务业的农民和家属，在集镇有固定住所、有经营能力、在乡镇企业单位长期务工的，公安机关应准予落常住户口。统计为非农业人口，吃议价粮，办理"自理口粮户口簿"和"加价粮油供应证"。这可谓是城乡壁垒上凿开的第一道缝隙：农民获得了合法进入城市并居留一段时间的权利。11月3日，为加强集镇户口管理，以适应集镇建设和经济发展的需要，公安部下发了《公安部关于贯彻实施〈国务院关于农民进入集镇落户问题的通知〉的通知》（以下简称《通知》）。要求各级公安机关把这项工作作为一项重要改革任务，纳入规划。《通知》规定，对要求办理自理口粮到集镇落户的人员，属于本乡镇的，持村民委员会的证明和工商部门发给的营业执照或用工单位出具的证明，向集镇公安派出所或未设公安派出所的乡镇人民政府申请入户，经审批同意入户的，办理户口迁移手续；属于外乡镇的，持原住地乡镇人民政府的证明和工商部门发给的营业执照或用工单位出具的证明，向集镇公安派出所或未设公安派出所的乡镇人民政府申请入户，经审批同意入户的，发给自理口粮"准予迁入证明"，到原住地办理迁出手续。户口登记机关仍可使用原来的迁移证件，加盖"自理口粮"的印章。除了规定常住人口的管理方法外，还建立集镇暂住人口登记管理制度：对正常探亲、访友、旅游、就医等临时居住居民家中的，按照城市暂住人口管理办法登记管理。对从事建筑、运输、包工等集体性的暂住人口，由所在单位登记，及时报送公安派出所或户籍办公室。

1985年7月，《关于城镇暂住人口管理的暂行规定》颁布，要求做到来人登记，走人注销；暂住时间拟超过3

个月的16周岁以上人口，须申领暂住证。对从事建筑、运输、包工等集体暂住时间较长的，由这些单位的负责人登记造册，及时报送公安派出所或户籍办公室，登记为寄住户口，发给寄住证。①这些规定对《中华人民共和国户口登记条例》中关于超过3个月以上的暂住人口要办理迁移手续或动员其返回常住地的条款，做了实质性的变动。同年9月，全国人大常委会批准颁布实施《中华人民共和国居民身份证条例》，规定凡16岁以上的中华人民共和国公民，均须申领居民身份证，为人口管理的现代化打下了基础，同时从过去的一户一簿改为一人一证，也有利于以个体为单位的迁移，加速了城乡流动。

随着城镇改革的推行，非公有制经济的蓬勃发展，经济活动空间也得以增加，为农民进城提供了更多的机会。所以在这一时期，出现了改革开放以来中国社会的第一次"民工潮"。据统计，从1984年至1986年，全国办理自理口粮户达1633828户，总计4542988人。②

---

① 《中华人民共和国法规汇编（1985—1986）》第7卷，北京：中国法制出版社，2005年5月，第16页。
② 张英红：《户籍制度的历史回溯与改革前瞻》，《宁夏社会科学》，2002年第3期。

二、"盲流":城市里的陌生人

农村家庭联产承包责任制的确立,使农村劳动生产率大大提高,以往农村劳动力的隐性剩余开始显性化。改革开放初期,通过发展乡镇企业来转移农村剩余劳动力是消化农村劳动力的主要渠道。1978年至1992年,乡镇企业的发展为促进农村劳动力就地转移做出了重要贡献,乡镇企业就业人数从2826.6万人增加到10581.1万人,平均每年吸纳劳动力553.9万人,平均增长率为19.6%[①]。但随着农业改革的深化以及农业产业化与规模经营的发展,农村劳动力剩余量越来越大。与此同时,由于乡镇企业自身的升级(资本密集程度提升),对劳动力的需求度降低,加上广大中西部农村经济区位条件的相对落后,"苏南模式"很难推广。到20世纪90年代中期,乡镇企业在吸纳了1.2亿左右的劳动力后,难以创造出更多的就业机会;农村劳动力"离土又离乡"的异地转移最终涌动成潮。

然而,刚刚开启的城市经济体制改革无法立刻提升城市公共服务的供应能力,城市管理部门应对流动人口的思路也很难迅速扭转;虽然以往死板的制度稍有放开,但更

---

① 赖德胜等主编:《中国就业60年》,北京:中国劳动社会保障出版社,2010年,第140页。

深层次制度空间的限制还不允许农民有很多自由流动的机会。

这一时期的农村流动人口被称为"盲流",并不受城市欢迎。水、电、交通,这些对应于过去时代严格控制城镇人口而设计的基础设施规模,难以容纳"突进"的千万农民大军,如此一来,一方面,政府部门感到负担沉重——"他们(流动人口)不能没有吃、穿、住、行。按照价格双轨制,政府必须补差价。(这意味着)流动人口变相地……享受着本应属于(有资格的)城市居民的好处……所以流动人口越多,补贴的负担就越重";城市居民则因"拥挤""不足"而产生敌意和不满。①城市以及城市居民在媒体和学术讨论中占据着毫无疑问的话语优势,这种因公共物品受竞争而产生的敌意也自然地渗入到了对进城农民的形象塑造中去。有学者对《人民日报》中"农民工"形象的分析即指出,直至21世纪初期,主流媒体中展现的农民工议题大都激发了城市社会的负面反应,身为"盲流"的农民工被塑造为"麻烦的制造者":他们是一群因疯狂地追逐金钱、听信"打工神话"而陷入非理性盲动的消极行动者,他们的"盲动"导致了大

---

① 葛象贤、屈维英:《中国民工潮:"盲流"真相录》,第34、126页;李梦白等:《流动人口对大城市发展的影响及对策》,第291页,均转引自〔美〕苏黛瑞:《在中国城市中争取公民权》,王春光、单丽卿译,杭州:浙江人民出版社,2009年,第111—115页。

量社会问题；流入城市的农村劳动力被主观地认为具有相对较高犯罪倾向的人群，在这些新闻个案中，少数人的犯罪个案被一般化地与农民工等所谓"外来"人群居无定所、流动性和身份模糊性的特征相挂钩——作为外来入侵者的农民工是既有生产和生活秩序的破坏者，他们应对稳定秩序和既有道德体系的倒退负责。① 除此以外，许多当时的学术论文认为，农民工"不仅增加了生活垃圾，而且他们在农村社区长期生活的习惯与城市社区的卫生、市容标准格格不入"，甚至城市居民产生的"贵族"心态也被归咎于"盲流"人口——进城农民大量就业于环卫、装卸、勤杂等脏、重、粗、累的岗位（这些岗位城里人不愿"屈就"）；却丝毫不反思正是此时城市中户口限定的就业准入政策和劳动力培训资源迫使农民居于次属劳动力市场，而不单纯是因为农民"文化程度较低，没有专门的劳动技能"②。事实上，早期进入城市谋生的农民工大多在其所在农村属于"精英"分子。③ 城乡之间、不同等级城市之间、不同户籍身份之间的藩篱，使得这些农村"精

---

① 黄典林：《从"盲流"到"新工人阶级"——近三十年〈人民日报〉新闻话语对农民工群体的意识形态重构》，《现代传播》，2013年第9期。

② 雷洪：《中国目前的"盲流"现象探析——矛盾、弊端与冲击、震荡》，《社会主义研究》，1996年6月。

③ 黄平主编：《寻求生存——当代中国农村外出人口的社会学研究》，昆明：云南人民出版社，1997年，第97—98页。

英"沦为城市次属劳动力市场的主要力量。[①]譬如,北京市《2000年本市允许和限制使用外地人员的行业、工种》中即明确规定,103个行业和工种限制外地人就业;即使是最近的就业政策中,也在就业的机会平等方面针对是否拥有北京户口做出了相当不平衡的规定[②]。可以说,此种歧视性的就业政策即使不是造成农民工在城市中很难找到待遇较好的工作,或在习得一定技术后很难在职业层级上向上流动的全部原因,也是其重要原因。

长期以来由严格的户籍管理所造就的相对静止的社会空间和城乡社会分层,降低了城市居民对"流动"与"模糊"的容忍阈值,也限制了城市管理部门应对"流动"的政策选择。过去,劳动部门、工商部门、财政部门和公安部门协同负责维持城乡分治秩序,确保劝止农民进城以保障城市的稳定,"接受贫下中农再教育""抵制重工轻农的经济主义思想"的政治宣传也赋予这些治理手段以合法性。随着改革开放"工作重心转移到经济建设上来",这种支持城乡分治的合法性受到了毫无疑问的冲击,管理部门间也因经济发展价值权重(较之秩序价值)的提升产

---

① 蔡禾、刘林平、万向东:《城市化进程中的农民工:来自珠江三角洲的研究》,北京:社会科学文献出版社,2009年,第30页。

② 譬如,在就业时可获得"不受其此前户籍所在地限制"的一种方式是在海外留学超过一年并符合相关条件,详见《北京市促进留学人员来京创业和工作暂行办法》。

生了分歧：尤其明显地发生在工商部门与公安部门、基层政府与上级单位之间。譬如天津市工商局的代表即表示："我们欢迎他们（指流动人口，下同）；他们搞活了经济，把农村产品带进城市，而把我们的产品运到其他地方。我们不怕他们的竞争，而正需要这样活跃的市场"[①]；"本地各行各业的人都感激他们，只有公安局不同意。其官员反问道：'他们有什么好处？''他们扰乱社会秩序，制造了很多犯罪案件，很难处理，让我们处于不断的奔波之中。'"[②]当城乡管理体制开始松动，公安部门很快面临人手不足的困境——这在过去被严格的介绍信和迁移政策导致的社会空间的相对静止所掩盖。在城市边缘，空间上"犬牙交错"、边缘模糊，行政管理上却各自为政，受限相对较少的村委会给予了流动人口在城市居留必要的"落脚点"，大批的农村民房、仓库被出租给流动人口，大量违规搭建的棚户构成了城乡接合部的"新风景"。农民通过与城乡接合部复杂的行政交错留下的空隙打交道，获得了水、电等基本生存和发展要件。

改革是破旧立新，但在过渡期间往往会出现"旧亡"

---

① 苏黛瑞在天津ICA私营企业家办公室的访谈，1992年6月22日，见［美］苏黛瑞：《在中国城市中争取公民权》，王春光、单丽卿译，杭州：浙江人民出版社，2009年，第71页。

② 苏黛瑞在天津ICA私营企业家办公室的访谈，1992年6月22日，见［美］苏黛瑞：《在中国城市中争取公民权》，王春光、单丽卿译，杭州：浙江人民出版社，2009年，第72页。

而"新未立"的"混乱"时期，这既意味着"活跃"的机遇，也意味着治理危机：陡增的人口、流动起来的社会空间、管理部门利益的分化，无一不暴露出当时国家常规治理能力的不足。此外，城乡管理体制改革的初期，相关措施基本上是以各种文件和地方性政策解释呈现的，缺少全国性的、统一的法律文本，标准的透明度较低而执法者的自由裁量权很大，这就为腐败留下了空间：走"关系"、贪污、受贿、乱收费的乱象在这一阶段层出不穷，严重影响了党和政府的形象。发展的问题须在发展中解决，随着改革的进一步推进，法治化建设和市场化水平逐步提高，党的自身建设水平也得到了提高，流动人口在城市中的处境也有了相当的改善。

三、"合理控制农村劳动力的转移"

实行农村家庭联产承包责任制以来，农村劳动力在整个80年代大量释放，农村剩余劳动力转移有所加速，但由于政策原因，转移通道并不总是通畅，且受政治经济形势波动的影响呈现时松时紧的状态。

1988年下半年至1991年上半年，国家实施了为期3年的治理整顿，政府对农村劳动力流动政策又进行了局部调整，加强了对人口流动的管控，给农村劳动力的转移造成很大冲击。

1989年10月，国务院发出《关于严格控制"农转非"过快增长的通知》，指出，农业人口转为非农业人口即由农业户口转为非农业户口（以下简称"农转非"），并由国家按照市镇粮食定量供应办法供应口粮，是一项重大的社会、经济政策……一个时期以来，由于缺乏统一规划与宏观管理，不少地区对"农转非"政策放得过宽，控制不严，致使"农转非"人数增长过快，规模过大，超过了财政、粮食、就业以及城市基础设施等方面的承受能力，如继续发展下去，将会给国民经济带来更大的困难。因此，必须加强对"农转非"的宏观管理，使其增长的速度和规模与国民经济的发展相适应。具体措施如下：一是把"农转非"纳入国民经济与社会发展计划，实行计划管理；二是严格执行国家规定的各项"农转非"政策；三是对"农转非"实行计划指标与政策规定相结合的控制办法，各地审批"农转非"要严格控制在国家下达的"农转非"计划指标范围内，按照国家政策规定办理；四是加强"农转非"的审批管理，改变多头审批状况，"农转非"的审批权，都要收到省辖市一级以上人民政府（含地区行署），县和县级市人民政府无权审批。该通知提出的还是"城里不能容"的问题。

1990年4月，国务院发布《关于做好劳动就业工作的通知》，要求"合理控制农村劳动力的转移，减轻城镇就业压力"。强调要首先保证农业有足够数量和必要素质的劳动力，使农业生产能够持续稳定地发展。对农村富余劳动力，要引导他们"离土不离乡"，因地制宜地发展林牧副渔业，沿着正确方向办好乡镇企业，开展多种服务业，搞好农村建设，使农村富余劳动力就地消化和转移。防止出现大量农村劳动力盲目进城找活干的局面。对农村劳动力进城务工，要运用法律、行政、经济的手段和搞好宣传教育，实行有效控制，严格管理。确定一个时期内城市使用农村劳动力的规划，由劳动部门本着从严的精神负责统一审批，并建立临时务工许可证和就业登记制度，加强对单位用工的监督检查。对现有计划外用工，要按照国家政策做好清退工作，重点清退来自农村的计划外用工，使他们尽早返回农村劳动。此外，再次强调要严格控制"农转非"过快增加，把"农转非"纳入国民经济与社会发展规划，实行计划指标管理，认真按照国家有关政策规定审批。对自行规定政策或放宽条件、扩大"农转非"范围的，要抓紧进行清理整顿。

从1991年下半年开始，中国经济进入高速增长的新阶段，农村劳动力转移随之开始打破停滞的局面，并呈现出加速发展的势头。1988年，乡镇企业从业人员为9545.45

万人，1992年上升到10624.59万人。[1]随着城乡流动和社会秩序的变化，农村剩余劳动力向第二、第三产业转移的速度加快，农民在城乡壁垒之间打开了一个缺口，虽然城乡之间制度性的区隔依然存在，但"外出务工"开始成为中国农民一条新的讨生活、求发展的道路。

城乡人员流动是新时期中国社会发展的重要推动力，促进了国民经济持续快速发展与产业结构的调整。根据世界银行估计，1978年至1995年国内生产总值平均年增长9.4个百分点，就业不足的农业劳动力转移到生产效率较高的工业、服务业，贡献了其中1个百分点。[2]产业结构的调整表现为两个明显的现象：一是以乡镇企业为代表的农村非农产业的发展开始产生大量的劳动力需求，农村非农产业就业成为农村就业越来越重要的形式；二是大量劳动密集型产业的迅速发展，如轻工业、服务业等，使重工业占整个工业部门的比重基本上呈下降趋势。随着农民获得自主生产与多种经营的权利，农村劳动力的转移有效地缩小城乡间收入差距，从而引发城乡二元社会结构的变化。

社会结构对社会发展影响较大，一个社会的各种重大社会问题和社会矛盾，都有其深厚的社会结构根源；相应

---

① 国家统计局人口和就业统计司、劳动和社会保障部规划财务司编：《中国劳动统计年鉴 2005》，中国统计出版社2005年版，第495页。

② 白南生、李靖：《城市化与中国农村劳动力流动问题研究》，《中国人口科学》，2008年第4期。

的，一个社会的和谐、稳定、发展，也有其深层次的社会结构基础。经过20世纪80年代的种种变化，20世纪90年代前的城乡结构已有明显的改变：城乡人员流动从严格分割到交往频繁；产业结构从工农分离到向农村工业化发展推进；工业化与城市化关系从严重错位到逐渐适应；等等。这些变化促使城乡关系有所改变，但并不能彻底改变城乡格局，更难以有效地遏制城乡发展差距的扩大。对于城乡结构的不合理性、不公正性问题，全社会有了广泛的共识。从社会结构的现代化转型来看，如果没有城乡的和谐，没有城乡结构的根本改变，要建设一个现代化的国家也是不可能的。

第六章 "合理调节城乡劳动力流动"

1992年，随着邓小平"南方谈话"与中共十四大的召开，建立社会主义市场经济体制目标被提出，改革开放进入一个新阶段；中国经济进入新一轮的发展期，城乡流动与结构调整迎来新的挑战和机遇。社会主义市场经济体制改革产生了巨大的辐射效应，尤其是在1995年至2001年间，城乡流动呈明显加速状态。但这么大规模的农民进城并没有改变农民的身份定位和社会保障层级，他们依然处于"半城市化"状态。著名学者厉以宁提出，城乡二元体制应该破除，城乡二元体制和建立市场经济是不容的。事实上，长期以来的城乡二元体制使得我国经济结构与人口结构存在"代差"，即中国的城市化水平远远落后于其工业化水平[①]，城市化水平的滞后也导致了第三产业发展不

[①] 自1952年至1979年，中国经济产出结构中，来自工业的产值已从18%提升至50%，与此同时，近2/3的新增就业人口却仍然为农业吸收，农业人口在近30年的工业高速发展的背景下，其占比仅从85%下降至75%，详见Lardy, N. R（2008）. *Agriculture in China's Modern Economic Development*.（pp.1-3）. New York: Cambridge University Press.

足，反过来进一步削弱了城市吸收剩余劳动力的能力。城乡流动的屏障在改革年代阻碍着全国统一的劳动力市场的建立，由于就业缺少竞争，城市劳动力素质提高缓慢而农民工则被迫进入次属劳动力市场，造成了一系列的社会后果。仅从功利主义的角度看，缺少社会保障的农民工储蓄率高、很少在城市消费[①]，进一步遏制了消费对于经济发展的刺激作用。

一、社会主义市场经济体制改革的辐射效应

1992年1月18日至2月21日，在改革面临困境之时，改革开放的总设计师邓小平先后赴武昌、深圳、珠海和上海视察，沿途发表了重要谈话。他的讲话内容经整理，形成《在武昌、深圳、珠海、上海等地的谈话要点》，作为最后一篇文章收录在《邓小平文选》中。"南方谈话"对中国社会发展影响深远。"计划多一点还是市场多一点，不是社会主义与资本主义的本质区别。计划经济不等于社会主义，资本主义也有计划；市场经济不等于资本主义，社会主义也有市场。计划和市场都是经济手段。社会主义的本质，是解放生产力，发展生产力，消灭剥削，消除

---

① 高强：《我国户籍制度弊端及改革进展》，《中国海洋大学学报》（社会科学版），2004年第6期。

两极分化，最终达到共同富裕"①。正是这样一次非同寻常的谈话，开启了中国建立社会主义市场经济体制的进程。同年10月12日至18日，中共十四大召开，第一次明确提出了建立社会主义市场经济体制的目标模式：我们要建立的社会主义市场经济体制，就是要使市场在社会主义国家宏观调控下对资源配置起基础性作用，使经济活动遵循价值规律的要求，适应供求关系的变化；通过价格杠杆和竞争机制的功能，把资源配置到效益较好的环节中去，并给企业以压力和动力，实现优胜劣汰；运用市场对各种经济信号反应比较灵敏的优点，促进生产和需求的及时协调。同时也要看到市场有其自身的弱点和消极方面，必须加强和改善国家对经济的宏观调控。社会主义市场经济体制的确立，使整个国家的资源配置方式发生了根本转变，以市场为基础的资源配置手段，促使国家在所有制结构、分配方式和阶层利益关系结构等方面做出一系列深刻调整，从而带来了社会结构的快速转型。1992年以后，中国经济进入高速增长阶段，这一"高涨"是以沿海开发区建设为主要动力的，而开发区建设要求"三通一平""七通一平"，需要大量粗工去挖土方、盖楼房，修马路，修建电力、电信和给排水的各种

---

① 《在武昌、深圳、珠海、上海等地的谈话要点》，《邓小平文选》（第三卷），北京：人民出版社，1993年，第373页。

管线，因此对劳动力的需求特别是对粗工的需求大幅度增加。这种客观变化形成了对劳动力的市场需求，带动了劳动力大规模的流动，同时也引起了各地政府的政策调整。

有学者指出，1991年至2001年这10年间，中国城乡结构经历了巨大的但也是失衡的变迁：一方面城乡之间的交流比以前更自由，规模空前，是新中国成立以来未曾有过的进步；另一方面城乡差距却在迅速扩大，特别是农民负担大增，农村社会问题和矛盾剧增，城乡失衡进一步加大。[①]这个判断确实不无道理。1994年分税制改革使中央财政收入大为增加，加强了国家宏观调控的能力，但与此同时，地方政府尤其是基层政府的财权和事权严重失衡。这迫使基层政府考虑向农民多收费以维持行政体制的管理运作，从而大大加重了农民负担。[②]同时，随着城市经济的持续增长，市民在市场经济改革的浪潮中占据有利地

① 陆学艺主编：《当代中国社会结构》，社会科学文献出版社，2010年，第262页。

② 针对农民负担存在的突出问题，党中央、国务院采取了一系列政策措施，减轻农民负担工作取得了一定的成效。但是，农民负担重的问题还没有从根本上解决，农民负担仍有增无减。如，1990年2月3日，国务院就下发了《关于切实减轻农民负担的通知》。但1993年2月21日，安徽省发生乡镇派出所治安联防队队员打死向上级反映不合理负担问题的农民丁作明的事件，震惊中央。1993年3月19日，中共中央办公厅、国务院办公厅发出了《关于切实减轻农民负担的紧急通知》，但效用时间不长，农民负担很快就反弹。1996年12月30日，中共中央、国务院下发《关于切实做好减轻农民负担工作的决定》，认为农民负担重，已成为影响农村改革、发展和稳定的一个十分突出的问题。

位。如此一来，城乡生活差距显著增大。从数据上看，1978年，农民人均纯收入和城市居民可支配收入的差距为1：2.57，1985年缩小为1：1.8。但1986年以后城乡收入差距开始反弹，1995年扩大为1：2.72，2000年为1：2.79，2001年为1：2.91。①城乡差距的扩大，使城市的拉力越来越大，农民进城热潮一直在持续。

1995年启动的国有企业改制，使大量城市工人下岗，有些城市因此限制农村人口进城务工经商，但如前所述，农民收入连续多年增长缓慢，甚至出现了负增长。于是，尽管有政策条文上的诸多限制，但挡不住农民进城的步伐。中国城市化进程从1996年开始加速，并出现了城市带、城市圈、城市群等诸多发展形式。从与国际经验比较看，中国城镇化率从1981年的20%提高到2002年的40%，翻一番仅用了21年，而英国用了120年，法国用了100年，德国用了80年，美国用了40年，日本用了30年。城市化的快速推进，使城郊农村逐步被吞并或包围，形成"城中村"。需要指出的是，大批农民虽然在物理空间上由农村进入了城市，但从其社会权益的归属上，他们却始终不属于城市。有学者评论道，"流动人口可以自由地在市场上出卖劳动力，但他们的社会权益，比如医疗和子女教育

---

① 陆学艺主编：《当代中国社会结构》，北京：社会科学文献出版社，2010年，第278页。

等，需要回到农村才能实现（当然是非常有限的）。流动人口在城里只是劳动力，回村才是社会人"。[①]

二、民工潮的兴起与小城镇导向的户籍制度改革

民工潮的兴起

如前所述，社会主义市场经济体制改革的辐射效应引发了城乡交流的变化。此外，打工潮和90年代初期第二次出现农产品"卖难"有很大的关系。1988年"价格闯关"的失败，造成在物资相对短缺条件下的物价大幅度上涨，政府随即实行"宏观紧缩"，经济遇冷，于是，农、林、牧、副、渔等大宗的农产品在90年代初普遍卖难。不过，由于农产品的充分供应和食品价格下降，长期以来城市政府通过财政补贴保障城市居民粮食蔬菜消费的"义务"被解除了，农产品的全面市场化也就水到渠成。到1992年初的时候，全国的猪肉、粮食、油料、棉花等大宗农产品基本放开了，副食品随之也放开了，粮票和各种票证都逐渐取消了。没有了粮食和副食品票证供应的这个限

制，即基本生存资料的彻底商品化和市场化，为农民在城市的驻留打通了最关键的关卡；同时，农民在农产品卖难的情况下不得不追求非农收入。1989年至1992年，农产品收购价仅上升5.3%，而农用生产资料价格却上涨34%，"剪刀差"扩大16.1%[①]。城市推力的削弱和农村推力的增强共同导致了这一次打工潮的出现。1992年，大约4000多万农民工流入城市打工，此后外出打工农民越来越多，1993年至1994年增加到6000万，到1995年至1996年达到约8000万。

这是长期以来农村人多地少和农业收益低的状况所累积的农村剩余劳动力的大爆发。有学者统计，当时农村剩余劳动力达到2/3左右，这些剩余劳动力必然要向非农产业转移，而且大部分人向大中城市转移。据广东省有关部门统计，1994年广东省外来民工已达650万人（国家统计局估计已逾千万），本地人口只有141万人的东莞市，1994年已在公安局登记的外来暂住人口为1390884人，这无疑给东莞的城市建设和治安管理能力提出了极大的挑战。由是，引出了"应该搞小城镇发散型战略，还是应该向其他发展中国家那样允许流动人口自由地向大城市集中"的讨论。

---

① 中共中央政策研究室农村组：《关于农村劳动力跨区域流动问题的初步研究》，《中国农村经济》，1994年第3期。

　　这时候讨论的焦点不是理论上的国民待遇或是权利上是否平等的问题，更主要的是实际操作层面上的问题。20世纪90年代后期加快国营企业改革的同时出现了大量职工下岗或者失业，这导致一些城市政府出台限制农民进城就业的政策。很多学者都曾指出，当时并没有人明确反对开通城乡，没有反对应该让农民自由进城，而是各部门提出的实际问题政府决策者解决不了。其中最主要的问题是：农村人口进来以后教育经费谁开支，道路、交通这些增加的开支谁负责？如果城市居民公共物品都是走财政开支，其经营也是政府补贴的，新增人口需要增加的开支和补贴从何而来？由于这些实际问题不能解决，所以户口管理制度基本上还是维持原有的城乡二元管理模式，只是出现了一些不涉及根本制度的小变动。

　　1995年国家11部委联合提出小城镇建设的政策框架，但对于大城市的户口准入依然严格控制，事实上并未彻底改变户口连带的福利等级制。然而，随着社会经济的发展，旧的户籍制所带来的负效应日益显现。同时，随着市场经济的发展，计划经济体制下的"大锅饭""铁饭碗"被打破，大批高学历或有一技之长的专业人士加入到流动大军中来……据当时公安部和有关专家估算，1997年全国流动人口已达1.1亿人。人口的合理流动已成为一股不可阻挡的潮流，对户籍制度形成了冲击。

小城镇导向的户口管理制度改革

农民流动的事实，在相当程度上推动了户口管理思想的改变。1992年8月，公安部发出《关于实行当地有效城镇居民户口制度的通知》，决定在小城镇、经济特区、经济开发区、高新技术产业开发区实行当地有效城镇户口制度，以解决要求进入城镇落户的农民过多与全国统一的计划进城指标过少之间的矛盾。1992年浙江温州开始推行"绿卡制"；1993年，上海推行"蓝印户口制"；1995年，广东深圳施行"蓝印户口制"。"蓝印户口制"主要有以下几个特点：一是入镇农民转变身份，成为新的城镇居民并与原有的城镇居民享有同等的权利与义务；二是农民入镇时要支付一定的建镇费、开发费等，即城镇户口成为商品，农民要转变身份就必须购买或变相购买城镇户口；三是蓝印户口不属于国家严格控制的"农转非"指标，且只在当地有效，迁往其他城镇时不予承认。"蓝印户口"是一种介于正式户口和暂住户口之间的户口形式，但由于附属权益明显增加，吸引力较之前的"自理口粮户口"大为增加。在这种背景下，广东、浙江、山东、山西、河北等10多个省先后开始试行"蓝印户口制"。《关于实行当地有效城镇居民户口制度的通知》规定，"对收钱办理的'农转非'户口符合办理蓝印居民户口条件、迁移手续完备的，可以转为蓝印户口"，这实际上使户口买卖合法化。在一些城市开始推行户口交易，缴纳一定数额的费用，成为户籍改革变迁中的独特现象。据有关报道，到1994年上半年，全国约有17个省共300多万人购买了城市户口，此项收入高达250亿元，这还不包括那些未登记在案的以及暗箱操作的部分。这个数字，充分表明了户口负载的各种利益分配的真实含金量。此后"蓝印户口"在城镇风靡一时。对于这种户口变相买卖的风潮，各界评说不一，但城镇户口商品化的确冲破了壁垒分明的户籍制度。

1997年6月，公安部拟定《关于小城镇户籍管理制度改革的试点方案》，小城镇户口有条件地向农民开放。同月，国务院批转公安部《关于小城镇户籍管理制度改革的试点方案》，要求各地方、各部门对在小城镇落户的人员均不得收取城镇增容费或者类似增容费的费用，但仍然在制度上做出一定限制：一是可以进入的仅仅是小城镇，大中城市仍然门槛高筑；二是农民进入小城镇必须购买商品房或有合法的自建房，实际上是以货币形式在农民面前筑起了一道门槛；三是农民进入小城镇落户必须首先将承包地和自留地无偿上交，增加了农民入城的风险和机会成本，许多人因此而放弃了进城的打算。

1998年7月22日，国务院发出批转公安部《关于解决当前户口管理工作中几个突出问题的意见》，对当时的户口管理做出了"四项改革"：一是实行婴儿落户随父随母自愿的政策。二是放宽解决夫妻分居问题的户口政策。对已在投靠的配偶所在城市居住一定年限的公民，应当根据自愿的原则准予在该城市落户。三是男性超过60周岁、女性超过55周岁，身边无子女需到城市投靠子女的公民，可以在其子女所在城市落户。四是在城市投资、兴办实业、购买商品房的公民及随其共同居住的直系亲属，凡在城市有合法固定的住所、合法稳定的职业或者生活来源，已居住一定年限并符合当地政府有关规定的，可准予在该城市落户。从而进一步放宽了农民进城条件：一是不再强调中等城市需要限制落户数量；二是不再要求进城落户农民必须先交还承包地和自留地。

2000年6月，中共中央、国务院出台《关于促进小城镇健康发展的若干意见》，明确提出"鼓励农民进入小城镇"，规定凡在县级市市区、县人民政府驻地镇及县以下小城镇有合法固定住所、稳定职业或生活来源的农民，均可根据本人意愿转为城镇户口，并在子女入学、参军、就业等方面享受与城镇居民同等待遇，不得实行歧视性政策。对在小城镇落户的农民，各地区、各部门不得收取城镇增容费或其他类似费用。对进镇落户的农民，可根据本人意愿，保留其承包土地的经营权，也允许依法有偿转让。2001年3月30日，国务院批准小城镇户籍制度改革在全国全面推开。各地纷纷宣布进行"取消指标限制、实行准入制度""打破城乡界限，实行城乡户口登记一体化"等户籍改革。

然而，前述"小城镇导向—大城市准入"的户籍改革方向，只能是一种权宜之计。经济学家指出，小城镇模式限制了"都市圈"合理的城市等级的形成，这一方面容易导致小城镇过度建设、"鬼城"频现、市场分割与地方保护主义[①]；另一方面也容易造成"（特）大城市—小城镇"新的二元分割的产生。有学者指出，高租金准入制度虽然说相对以往行政控制降低了入户城市的门槛，但这种"购买"行为并没有消除户籍价值化意识，而是使之加强。[②]通过条件准入制度，城市政府选择性地把外来人口的精英纳入体制内，而不必承担大部分外来人口劳动力再生产的成本；这一制度设计，增加了不同公民身份群体间向上流动机会的差距，进一步强化了阶层分化和阶层固化。[③]此外，"蓝印户口"以及小城镇导向的户口改革，并未触及户口牵动人心的真正痛点：户口背后的福利提

[①] 陆铭：《大国大城：当代中国的统一、发展与平衡》，上海人民出版社，第74页。

[②] 姚秀兰：《论中国户籍制度的演变与改革》，《法学》，2004年第5期。

[③] 李丽梅、陈映芳、李思名：《中国城市户口和居住证制度下的公民身份等级分层》，《南京社会科学》，2015年第2期。

供水平的差距。有研究表明,户口本上共有67项城乡居民"不平等待遇",城乡待遇的巨大差异,致使入城农民工在城市化进程中变成新的城市贫民阶层。因此,在进行"狭义"户籍制度改革的同时也必须重视"广义"的户籍制度改革或者说"大户籍制度"改革,即户口登记改革与教育、医疗等"附加功能"的改革应当同时并进,进行平等权利的制度变革,使户籍与福利脱钩。如此看来,每一项改革的进程都会对其他改革产生巨大影响,因此需要多领域多层次的改革配套进行、协同推进。

三、城乡社会结构的变迁

制度空间的变迁

伴随着改革开放的逐步推进及城市化进程的加快,中国城乡关系经历着艰难的转型。虽然中国社会还没有摆脱改革开放前构建的城乡二元社会的固有框架,但城乡结构出现了一些新变化。农村经济体制改革,实行家庭联产承包责任制和以市场为取向的诸多举措,调动起农民的生产积极性,促进了农业生产的发展和农业劳动生产率的提高。1979年至1988年间,乡镇企业总产值从1979年的493.07亿元增加到1988年的6495.66亿元。乡镇企业成为吸纳农业剩余劳动力的主要渠道。农业劳动力占全社会劳动力的比例，则从1978年的70.5%下降到1988年的59.3%，下降11.2个百分点。这是继1958年"大跃进"以后又一次农业剩余劳动力大规模向非农产业的转移。与"大跃进"所不同的是，这次转移是在农业劳动生产率提高和剩余农产品供给增长基础上的转移，是在农村乡镇企业大力发展，对农业剩余劳动力形成巨大拉力的作用下发生的，因此这场转移真正促进了农村经济以至整个国民经济的发展。

在农村经济高速发展的同时，中国城镇化进程明显加快。据统计数据，20世纪80年代我国的城市化率由1978年的17.92%上升到1988年的25.81%。1978年至1988年间，我国新设城市241座，平均每年设24座；新设建制镇5764个，平均每年设576个。[①]上述数据表明，在20世纪80年代，市场经济主导的、受经济利益驱动的自下而上的城镇发展机制开始形成，我国城镇化发展走出了改革开放以前的倒退和停滞的低谷，进入了迅速复苏的新阶段。然而发展的道路不是一帆风顺的。受经济周期波动的影响，继我国经济上一阶段的大发展之后，1989年至1991年我国经济进入治理整顿的新阶段。受此影响，我国的城镇化也进入调整时期。在这3年间，城市劳动力占全社会劳动

---

① 陈甫军、景普秋、陈爱民：《中国城市化道路新论》，北京：商务印书馆，2009年，第41页。

力比例从1988年的26.3%下降到1991年的26.1%。农村非农产业劳动力在1989年和1990年分别减少178.7万人和102万人。人口城市化率从1988年的25.81%上升到1991年的26.37%，仅增长0.56个百分点。①不过短暂的治理整顿，厘清了前一时期的各项社会关系，为20世纪90年代全面建设社会主义市场经济时期的社会发展开创了有利局面。

1992年以来，农村劳动力转移政策逐渐发生了变化，从控制盲目流动转向了鼓励、引导和实行宏观调控下的有序流动。1993年12月，劳动部制定了《关于建立社会主义市场经济体制时期劳动体制改革总体设想》，提出要"加强城乡劳动力统筹，以建立农村就业服务网络为突破口，合理调节城乡劳动力流动，逐步实现城乡劳动力流动有序化"。具体步骤如下：（1）通过就业服务机构及时沟通城乡劳动力供求信息，减少流动的盲目性。在城镇建立进城务工农民的管理服务体系，使他们较快分散到需要的岗位上去。（2）将就业服务机构，特别是职业介绍、就业训练机构向乡镇延伸，"八五"后期在农村剩余劳动力较多、劳动力流动量较大、经济较发达的乡镇建立就业服务机构。（3）加强区域性劳动力的宏观调控，促进区域间劳动力的合理流动。国家协助指导各省、区搞好省、区际

---

① 陈甬军、景普秋、陈爱民：《中国城市化道路新论》，北京：商务印书馆，2009年，第42页。

劳动力流动的协调工作，建立省、区际劳动力协作制度，实现省、区际劳动力有序流动。（4）对转移到农村非农领域特别是具有一定规模乡镇企业的劳动力实行规范化管理，适时制定管理法规，使乡镇企业管理制度与城市企业管理制度接轨配套。进一步扩大农村就业试点项目，为实现城乡劳动力统筹的目标积累经验。

1994年8月，劳动部发布《促进劳动力市场发展，完善就业服务体系建设的实施计划》，其中启动农村劳动力跨地区流动有序化工程与农村劳动力开发就业试点是重要内容。启动农村劳动力跨地区流动有序化工程，从加强市场引导和管理服务入手，引导农村剩余劳动力合理有序流动，并通过这一工程探索市场组织管理和调节服务的制度办法。1994年，着手华南（广东）、华东（上海）、华北（北京）三大区域劳动力市场信息中心建设，推进省际劳务协作，大力发展乡镇劳动服务网络，健全流动服务制度。1995年，在重点地区（广东、福建、山东、浙江、江苏、北京、天津、上海、四川、安徽、湖北、湖南、广西、贵州、江西、河南、河北、甘肃）形成有效的管理制度、服务手段和调控办法，使农村劳动力有组织地输出、输入（跨地区流动持证率）达到60%。开展农村劳动力就业试点。在1994年与1995年两年间，在总结、宣传、推广试点地区经验的基础上，研究提出关于促进农村劳动力开发就业的政策；与"农村劳动力跨地区流动有序化工程"
相结合，探索建立城乡劳动力市场的结合及劳动力双向流
动的途径；与就业训练相结合，大力开展农村职业技术培
训。1994年，抓好8个省级试点，对10个市县级试点进行
总结评估。1995年，拿出农村劳动力转移的整体规划和
政策。城乡劳动力市场结合度进一步提高，乡镇企业与劳
务输出人员培训初见成效。为了引导农村劳动力跨地区有
序流动，规范用人单位跨省招用农村劳动力和农村劳动力
跨省流动就业的行为，保障双方的合法权益，1994年11
月，劳动部颁布了《农村劳动力跨省流动就业管理暂行规
定》，对用人单位用人、农村劳动力就业和各类服务组织
中从事有关服务活动的行为进行了规范。

在建设社会主义市场经济体制的形势下，人口流动特
别是农村剩余劳动力跨地区的流动大量增加，这一方面对
经济发展和社会进步起到了积极的促进作用；另一方面，
也对社会治安、劳动、交通、计划生育等各项管理秩序造
成了很大的冲击。为此，1995年9月，中共中央办公厅、
国务院办公厅发布了《中央社会治安综合治理委员会关于
加强流动人员管理工作的意见》（以下简称《意见》），
要求加强疏导，促进农村剩余劳动力就地就近转移，采
取有力措施鼓励和促进小城镇的发展，在充分保证农业发
展和农村建设的前提下，允许农民进城务工经商，兴办企

业。《意见》还提出，要加强对农村剩余劳动力跨地区流动就业的调控和管理，提高劳动力跨地区流动的组织化、有序化程度。实行统一的流动人口就业证和暂住证制度。1996年城镇跨单位流动人数为1200万人，流动率超过8%；乡村外出务工的农村劳动力达到6800万人，其中跨省流动的大约有3500万人。据有关部门估计，1996年在乡镇企业就业的城镇劳动力接近950万人。在乡村，劳动力的市场配置发挥着最基础性的作用。城乡之间的自发流动自不必说，过去城乡流动的"合法渠道"（升学、招工等）也大为拓宽。1996年，因大中专院校和技工学校招生、从农村招工以及其他进入城镇的农村劳动力达360万人，有力地促进了农村人才和剩余劳动力合理有序地向城镇转移和流动，推动了城乡经济发展和互补。[1]

1997年11月，国务院办公厅转发了劳动部等部门《关于进一步做好组织民工有序流动工作的意见》，强调指出，由于我国农村还存在大量剩余劳动力以及地区之间、城乡之间经济发展不平衡，民工大规模流动的现象将长期存在，要求各地区各部门充分认识做好组织民工有序流动工作的重要意义，城乡劳动就业要统筹规划，合理安排，加强宏观调控；要积极培育和发展劳动力市场，引导和组

---

[1] 杨宜勇等：《失业冲击波——中国就业发展报告》，今日中国出版社，1997年，第190页。

织民工按需流动;要切实做好春运期间流动民工的组织、管理和服务工作;要制定和完善组织民工有序流动的制度和措施,使这项工作经常化、制度化。

1998年10月,中共中央发布了《关于农业和农村工作若干重大问题的决定》,要求大力发展乡镇企业,多渠道转移农业富余劳动力。立足农村,向生产的深度和广度进军,发展二、三产业,建设小城镇。开拓农村广阔的就业门路,同时适应城镇和发达地区的客观需要,引导农村劳动力合理有序流动。

2001年1月,劳动和社会保障部办公厅出台了《关于做好农村富余劳动力流动就业工作的意见》,提出劳动力输入、输出地区要开展外来农村劳动力需求或本地农村劳动力外出的统计分析和预测,建立常规化的流动就业信息预测预报制度,做好农村劳动力需求或外出信息的预测和预报。2001年3月,九届全国人大第四次会议批准了《国民经济和社会发展第十个五年规划纲要》,再次提出要引导农村富余劳动力在城乡和地区之间有序流动。

综上,随着农村劳动力流动量越来越大,这一时期出台的一系列政策对推进富余人口转移就业、引导农村劳动力跨地区有序流动、实现城乡统筹管理均起到了积极促进的作用,农村劳动力转移规模不断扩大。1998年,农村转移劳动力数量为13806万人,到2001年,农村转移劳动力数量上升为15773万人。2002年，据国家统计局公布，我国的流动人口已达12107万人。其中，从城镇流出的有3267万人，占27%；从乡村流出的有8840万人，占73%。流入城镇的有9012万人，占74.4%；流入乡村的有3095万人，占25.6%，即1.2亿流动人口中，从乡村流出的有73%，流入城镇的有74%。[①]农村土地资源少，农业劳动力太多，农民外出务工，拓宽了农民就业的渠道，已成为农民收入的重要来源。另外，农民工的大量进城，支撑了中国工业化的发展，农民工已成为产业工人的重要组成部分，也有利于促进城市化建设。

进城农民"市民化"的早期阶段

自1992年以来，国家对待农民工与城市化问题的态度从控制盲目流动转向了鼓励、引导和实行宏观调控下的有序流动。从宏观制度空间看，农民工的存在及其贡献获得了至少是文本层面的政治认可。随着民工流动成潮，亿万级规模的农民工及其子代的权益保障问题越来越引起社会热议，1992年至2002年，国家在劳动保护、职业培训、子女教育、社会保障等方面也逐步出台了一些利于农民工的政策，这在一定程度上为农民在城市中的居处提供了较之

---

① 国家统计局：《全国流动人口已达12107万人》，2002年9月10日数据，http://www.stats.gov.cn/tjsj/pcsj/。

过去更为友好的制度环境，农民工城乡"两栖"的状况略有改变，出现了在城市从"暂住"到"长期化"和"常住化"的现象，于是进城农民"市民化"的问题也就逐渐浮出水面。[①]

然而，这一时期由于在深层次的制度空间和框架并未彻底改变，上述事涉农民工"市民权"具体内容的政策实际上很难"落地"。

第一，"以经济建设为中心"路线在为农民大规模"非农化"转移提供可能的同时，也使地方政府（主要是城市政府）一度陷入了唯GDP的"政治锦标赛"：招商引资、GDP增长成为考核地方主政者的主要指标，地方官员成为利用政治组织换取经济增长，再以经济增长换取政治资本的"政治企业家"，有意无意地绕开中央关于农民工权益保护的政策法规。有学者不失尖锐地指出这一时期地方政府在农民工劳动权益方面的"越位"、"缺位"

[①] 所谓"市民化"，是指迁居城市的农民工与所在城市居民同质化的过程，包括农民工自身身份认同及价值取向的同质化，而更重要的是"市民权"（就业、医疗、教育、社会保障等若干事涉生存和发展权益的方面）与城市居民的同质化。王桂新曾把户籍制度下中国进城农民转变的过程分为3个阶段，即：集中化阶段，这一时期，农民从分散的农村地区迁移到城市中，完成物理空间上的转移，故又称形式城市化阶段；常住化阶段，又称过渡城市化阶段；市民化阶段，这一阶段农民真正完成了职业身份和社会身份的双重转移，享受到了与流入地城市居民同等的市民权，也实现了与流入地城市的较好融合，故又称实质城市化阶段。见王桂新、沈建法、刘建波：《中国城市农民工市民化研究：以上海为例》，《人口与发展》，2008年第1期。

和"错位":其一,为增加城市国企下岗职工的就业而人为地限制农民工就职的行业和工种;其二,在农民工职业培训、监督和规范用工单位等方面没有起到"守护神"的作用;其三,将组织劳动力市场、提供就业信息的"服务"变为"创收"项目,要求农民工缴纳名目各异的"务工许可费""劳务培训费"等。[1]譬如,某沿海城市有400多万外来打工者,而劳动监督部门却只有4名工作人员,关于增加编制和经费的申请迟迟难获回应,于是只能采取"民不举官不究"的态度。在这样的背景下,农民工个体的维权能力极低,工资拖欠、工伤无着、劳动条件恶劣等问题十分严重,他们要么只能忍气吞声,要么只能通过激烈的、往往是反体制的方式制造群体性事件——如自戕、卧轨、罢工、堵截公路、围堵政府大楼、上访等——讨一个"公道"。[2]

第二,由于我国实行分级管理体制,而上述方面的财政支持往往以区县为单位,地方政府是直接且主要的承担者,如此一来,对于"流动"于地区之间的农民工而言,势必面临异地转移和接续的问题,而这对于流入地地方政府而言,既缺乏贯彻之动力,也缺乏实施之能力。以义

① 曹兴华:《论农民工权利保护中的政府角色》,《社科纵横》,2007年第8期。
② 王春光:《新生代农民工城市融入进程及问题的社会学分析》,《青年探索》,2010年第3期。

务教育为例，我国实行"地方负责，分级办学"的方式，地方政府是按本区内的户籍学生数划拨义务教育经费的，上级部门亦按照户籍适龄人口的入学率进行考核；这意味着非户籍学龄人口进入公办学校就读，增加地方教育经费的负担却并不彰显地方政府的政绩，权责不一致阻碍了农民工子女教育问题的真正解决。①尽管早在1998年，教育部、公安部即联合颁发《流动儿童少年就学暂行办法》，规定流动儿童少年的就学形式，以在流入地全日制公办中小学借读为主，也可入民办学校、专门招收流动儿童少年的全日制公办中小学附属教学班（组）或者简易学校就读；2001年，国务院印发《关于基础教育改革与发展的决定》也提出，"要重视解决流动人口子女接受义务教育问题，以流入地区政府管理为主，以全日制公办中小学为主，采取多种形式，依法保障流动人口子女接受义务教育的权利"。然而，据广东省财政厅介绍，如果按城市学校增加一个学位约需1.75万元计算，这意味着若要为全部在粤民工子女提供公办教学资源，则全省每年要为此投入66亿元。②于是，对于流入地地方政府而言，增加的教育成本（尽管大部分属于义务教育阶段）往往通过各种形式转

---

① 王春光：《新生代农民工城市融入进程及问题的社会学分析》，《青年探索》，2010年第3期。

② 蔡禾、刘林平、万向东等著：《城市化进程中的农民工：来自珠江三角洲的研究》，北京：社会科学文献出版社，2009年，第322页。

嫁到农民工家庭身上，比如进入公立学校需一次性缴纳高昂的"赞助费"，进入相对正规的民办学校需缴纳昂贵的学费——而学费低廉的民工子弟学校则教育质量堪忧。这使得农民工家庭要么承受极大的经济压力（这对于本就属于次属劳动力市场的农民工而言不啻雪上加霜）把子女留在城市，要么不得不使子女返乡入学成为留守儿童。有学者指出，决策者要树立超越户籍的教育理念，把农民工子女教育放在全球竞争的格局和中国工业化整体进程中进行考量，形成"大教育"的发展战略；要把我国从人口大国转变为人力资源强国，难点始终是在农村，而人口流动不可避免，教育制度应该适应人口流动、经济社会发展的需求并为此提供配套服务，而不应该拿着以前的"老皇历"来框人，走到阻碍经济结构转型的对立面。[1]

学者主张农民工子女教育公平的立足点是国家人力资源的优化，而教育公平之于农民工子女乃至国家的意义还不止于此。流动人口适应城市生活的过程，实际上是"再社会化"的过程，必须具备三个方面的基本条件：首先，在城市中找到相对稳定的职业；其次，这种职业带来的经济收入及社会地位能够形成一种与当地人接近的生活方式；最后，由于这种生活方式的影响和与当地社会的

---

[1]　蔡禾、刘林平、万向东等著：《城市化进程中的农民工：来自珠江三角洲的研究》，北京：社会科学文献出版社，2009年，第332—333页。

接触，使他可能接受并形成新的、与当地人相同的价值观。①然而，许多学者指出，由于城市社会心理及制度性的排斥，农民工在城市中的人际交往常常存在以聚群的生活方式为主、重视群体内交往、缺少群际交往的现象。20世纪90年代中期北京及其他大城市中出现的"浙江村""新疆村"等"准移民社区"即是这种现象的突出表征，项飙在其关于"浙江村"的研究中即敏锐地指出了这种"内外分明"的状况：即使这些温州人与他们的北京房东经济关系紧密且相当稳定，即使生意成功的温州人必然与当地人交往频繁，也始终没有能够与当地人融为一体。在"浙江村"中甚至出现了自己的"社会化模式"和"关于成功的民间文化理论"，一些在北京当地学校中接受正规教育的温州人的后代，即便在小学、初中阶段成绩较好，也往往在进入青年时期放弃学业经商，又回归"浙江村"，构成游离于主流文化之外的"亚文化"社区。②考虑到外部社会支持的缺乏，流动人口的"小团体化"是可以理解的，以亲缘和地缘关系为纽带的小团体能够为他们的城市生活提供诸多便利，在维护其权益方面也能够发挥重要作用；但这也无疑使流动人口的生活圈局限在原有的社会关

---

① 田凯：《关于农民工的城市适应性的调查分析与思考》，《社会科学研究》，1995年第5期。

② 项飙：《跨越边界的社区：北京"浙江村"的生活史》，北京：生活书店出版有限公司，2018年，第242、444—445页。

系中，阻碍了他们与城市居民的交往，进一步阻碍他们与城市的融合；更糟糕的是，不少"小团体"发展为帮派，成为团伙犯罪和暴力的温床。[1]一些量化研究也指出了乡土性社会网络和新生社会网络对于农民工身份认同转变相向化的影响。家庭、学校（教育）、社区，是儿童社会化的三大"要素"，而对于流动人口子女的社会化，学校教育的重要性不言而喻。跨国移民史中，学校教育一直被认为是华人以及其他移民族群与当地社会建立稳固联系的重要渠道，移民第二代较之其父辈更容易融入当地生活圈及文化圈的重要原因之一，即学校提供了一个重要的、超出了亲缘和地缘等特殊关系的"同龄人"圈，而子代交际圈的扩大往往能够反过来促进父辈交际圈的扩大：这对于农民工子女及其家庭而言，也是一样。然而，由于长期的城乡二元分治，社会心理的转变道阻且长，一些有幸进入公办学校就读的农民工子女在社会融入方面也遭遇了许多困难，很少能够交到"城里人"朋友，有的公办学校甚至采取"分班""分校"的形式将农民工子女与当地学生隔离开来[2]，制造着新的"城乡分割"。2000年，随迁进城的流

---

① 悦中山、杜海峰、李树茁等：《农民工小团体现象的探测与分析：基于社会支持网络的研究》，《社会》，2009年第2期。

② 项继权：《农民工子女教育：政策选择与制度保障——关于农民工子女教育问题的调查分析及政策建议》，《华中师范大学学报》（人文社会科学版），2005年第3期。

动人口子女就已经接近2000万人，而其失学、辍学率高达9.3%。根据对北京、深圳等9大城市的调查显示：有31%的已过小学毕业年龄段的流动人口子女还在小学就读，有60%的12—14周岁的流动人口子女已成为童工。[①]这些被排斥在城市社会化机构之外，而又生长于城市中、以城市生活为参照系的新生代流动人口，其与农村联系已断，又很难获取在城市中扎根所需的市场能力，从而会产生新的社会问题。

一些学者将影响进城农民的城市认同与迁移意愿的因素归纳为市场能力（农民工的个体素质、文化程度、职业技能证书等）、社会结构因素（制度压力、城市居民心理等）、社会网络（农民工在城市中的交往情况）3个方面。通过定量分析，"文化程度高中以上"能够提高农民认为自己"不是农民"97.9%的对数发生概率，"当地人好相处""政府提供帮助"则分别单独能增加22.1%和12.3%的对数发生概率，而在制度压力保持一致时，社会网络中"最好的朋友中"是否有老乡还是有当地人也分别能够显著地降低和增加农民工自我认同为"非农民"对数发生概率：前者降低19.7%，后者提高43.4%。[②]因此而言，要推进农民工融入城市、促进城市社会的和谐稳定发

---

① 张纯、陆佳：《教育公平视角下进城农民工子女义务教育问题探析》，《吉林师范大学学报》（人文社会科学版），2015年第6期。

② 蔡禾、刘林平、万向东等著：《城市化进程中的农民工：来自珠江三角洲的研究》，北京：社会科学文献出版社，2009年，第244—247页。

展，势必要努力将流动人口纳入统一的社会化机构中，提升其市场能力，打破其在各方面的"边缘化"境遇。

在农民大规模进城务工的背景下，农村衰落、土地撂荒和留守儿童、妇女、老人群体引发了长期的关注，有部分论者因此认为要想办法把农民"赶出城"。事实上，留守儿童、妇女、老人群体和土地撂荒恰恰是城市排斥的结果。长期以来，土地不仅仅被视作生产资料，而同时被赋予农村社会保障职能，作为农民生存的"托底"——这也是改革开放初期城市政府理直气壮地对进城农民实行歧视性就业政策的底层逻辑：农民多少有地可种，城里找不到工作还能返乡种地，而城市居民若失业即成为"游民"。从某种程度上，这一逻辑也是农村社会保障体系长期维持在救"特困"、救"不救不得活"的极低水平的原因。由于社会保障体系欠缺、城市就业歧视，无法稳定地进入非农产业，长期在城市中处于非正规就业市场的农民工自己也往往把土地作为"退路"，倾向于保留自己的"份地"，即使转移承包权，也往往是零星而随意的，这反过来阻碍了农地经营权流转、规模化经营的实现，部分地区经营权流转甚至出现"负租金"的现象，于是土地撂荒就是可以想见的结果。①

---

① 王银梅、刘语潇：《从社会保障角度看我国农村土地流转》，《宏观经济研究》，2009年第11期。

此外，除了"打工仔"，因快速城市化占用土地而进入城市的"城中村"村民，也是一个亟须注意的非典型弱势群体。据统计，2001年至2002年，仅广州市即有139个城中村。较之"打工仔"，有些城中村的村民似乎因坐拥高地租之地段而格外"有幸"地拥有房屋出租的收入，但"退耕"后，他们普遍因文化素质低而处于失业或半失业的状态中，征地补偿款的拖欠也是一个多发的问题。由于"城中村"保留了其原生乡土性的社区结构和运作逻辑，与周边的"都市气氛"格格不入，极易被贴上"藏污纳垢之地"的标签，村民们的市民化进程仍然堪忧。有学者指出，这种边缘社区的地位决定了城中村对他者的防范和排外，在保护自身权益时容易陷入"非理性"的状态，呈现出与农民工相似的"弱势气质"。①在这一时期城市化进程中的大多数失地农民，则由于补偿机制与市场要素的不匹配，较之主动流动的农民工而言，处在"种田无地、就业无岗、低保无份"的更为弱势境地。1999年至2010年，我国耕地面积减少了1.6亿亩，近3000万农民失去了土地，曾任中央农村工作领导小组成员兼办公室主任的陈锡文这样评论失地农民的生存境遇："农民失去土地后，他当不成农民了，而领到的那点补偿金，也当不成市民，既不是农民，也不是市民，只能是社区游民，社会流

---

① 蓝宇蕴：《都市里的村庄》，上海：三联书店，2005年，第77—78页。

民。"①据调查，2002年，西部地区某省的农民因土地问题上访人次比1998年增长了5.8倍。②

　　经过20世纪80年代的种种变化，20世纪90年代前的城乡结构已有明显的改变：城乡人员流动从严格分割到交往频繁，产业结构从工农分离到向农村工业化发展推进，工业化与城市化关系从严重错位到逐渐适应，等等。这些变化促使城乡关系有所改变，向更健康的方向上持续发展。农村劳动力转移为广大农民发家致富带来了出路。非农就业和务工收入为农民收入增长开辟了新的渠道，并在无形之中提高了广大农民的劳动素质。在非农就业的过程中，许多人学会了新的知识与技能，产生了融入城市的渴望。这促进了农民"市民化"的进程，为农村的城镇化奠定了良好的基础。但另一方面，城乡分野的历史格局又决定了这一"市民化"进程要走很长的路。农民工是指具有农村户口，拥有承包土地，但是主要从事非农业产业、以工资为主要收入来源的劳动者，他们"亦农亦工"又"非农非工"，或用他们自己的话说是"留不下的城市，回不去的乡村"。这一特殊群体的出现是在我国经济体制转轨过程中各项制度改革非均衡推进的结果。从生产体制上看，

---

　　① 万朝林：《失地农民权益流失与保障》，《经济体制改革》，2003年第6期。

　　② 高勇：《城市化进程中失地农民问题探讨》，《经济学家》，2004年第1期。

城市社会中的农民阶层，属于计划编制外的职业群体，谓之"农民工"。从生活方式上看，这些"农民工"多数属于"两栖人"——根据季节的变换，以及在城市中寻找工作的情况和传统习俗，他们农忙时回家务农，农闲时出来做工，在城市和乡村之间来回奔波。此时的进城农民大多无意或没有能力在城市扎根。因此在当时，一首无人知道作者是谁的"新民谣"曾长期流行："马路是银行，工厂是钱庄。两手空空来，回去盖楼房。"①从阶层地位的角度来看，他们属于非市民的"边缘人"，在现行户籍管理体制背景下，他们没有合法的与城市居民相同的身份。从制度安排上看，尽管曾经的社会资源分配制度得到大刀阔斧的改革，户籍制度依然构成对农民流动的阻碍，影响了社会再整合。

　　综上所述，这一时期进城农民的阶层地位及其流动状况说明城乡二元结构的坚冰还很难打破。尽管社会结构在转型，但以往的结构和体制的迟滞效应还在发挥作用。长此以往，"半城市化"问题会构成一种非农非城的结构性格局，对城市发展不利，也极大影响了农村的发展。伴随着改革开放的进程，在市场化、工业化、城市化的过程中，中国社会的社会结构体系发生了显著的变化，但中

---

　　① 凌志军：《变化：1990年—2002年中国实录》，北京：中国社会科学出版社，2003年，第42—43页。

国的社会结构和经济结构还不相适应，社会结构还是明显落后于经济结构。经济与社会发展失衡，不少学者呼吁："经济啊！到了应该等一等社会的时候了。"[①]因为社会结构与经济结构的不同步，导致许多社会矛盾与社会问题的产生。要解决这些社会问题、社会矛盾，进一步调整社会结构是关键。社会结构和经济结构相适应、相协调的发展才是现代化社会最牢固的基础。

---

① 邓伟志：《谈谈社会建设》，上海：东方出版中心，2009年，第1页。

第七章 "以工促农、以城带乡"

进入21世纪，国内经济体制深刻变革，社会结构深刻变动，利益格局深刻调整，思想观念深刻变化，这种空前的社会变革在创造了巨大活力的同时，也带来了新的矛盾和问题，而一些前期改革尚未触及的制度性矛盾也开始凸显出来。湖北省监利县棋盘乡党委书记李昌平就"农民真苦，农村真穷，农业真危险"向中央的致信，三峡库区一位农家妇女熊德明关于丈夫工资被拖欠一事对总理的哭诉，将"三农"问题和农民工问题摆上了中央的台面。对此，中央在仍然坚定不移地以经济建设为中心的同时，提出了构建社会主义和谐社会的目标，将社会建设提到了新的高度。这一时期，中央连续下发关于解决农村问题的"一号文件"，要求各地按照统筹城乡经济社会发展的要求，坚持"多予、少取、放活"的方针，调整农业结构，扩大农民就业，加快科技进步，深化农村改革，增加农业投入，强化对农业支持保护，力争实现农民收入较快增长。[①]其中，关于加快转移农村劳动力、保护农民工权益、增加农民务工收入的精神，也随着"民工荒"、国际金融危机爆发、拉动内需成为新经济增长点而越来越系统化和制度化[②]；农民工，尤其是新生代农民工市民化的问题也逐渐被提上了日程[③]。这一时期，国家实施了系列制度改革措施解决严重失衡的城乡关系，提出中国到了工业反哺农业的阶段，中国城乡关系进入了"城乡统筹模式下的城乡关系"[④]时期。中国大量农村人口向城市迁移突出表现为中国城市化率不断提高，2011年中国城市人口首次超过农村人口，城市化率达到51.27%。

一、"三农"问题的提出与应对

"农民真苦，农村真穷，农业真危险"

农业、农村和农民问题是关系改革开放和社会主义现

① 《中共中央、国务院关于促进农民增加收入若干政策的意见》，《十六大以来重要文献选编》（上），北京：中央文献出版社，2005年，第672页。

② 《中共中央、国务院关于2009年促进农业稳定发展农民持续增收的若干意见》，《十七大以来重要文献选编》（上），北京：中央文献出版社，2009年，第833页。

③ 《中共中央、国务院关于加大统筹城乡发展力度进一步夯实农业农村发展基础的若干意见》，《十七大以来重要文献选编》（中），北京：中央文献出版社，2011年，第350页。

④ 折晓叶、艾云：《城乡关系演变的制度逻辑和实践过程》，北京：中国社会科学出版社，2014年，第125页。

代化建设全局的重大问题。中共中央、国务院从1982年到1986年曾经连续5年以"一号文件"的形式制定和颁布了关于农村工作的重大政策，这5个中央"一号文件"极大地调动了当时广大农民的生产积极性，使农村改革发展有了重大的突破。但随着历史的演进，为中国城市经济体制改革提供了强大动力的农村社会却陷入经济发展滞后的窘境。1997年至2003年，农民收入连续7年增长不到4%，不及城镇居民收入增量的1/5。粮食主产区持续徘徊甚至减收，多数农户收入增长较缓，农村各项社会事业也陷入低增长期。

没有农村的稳定就没有全国的稳定，没有农业的现代化就没有整个国民经济的现代化。尽管中国农村改革取得了巨大成就，但是在实现现代化的历史进程中，农村的经济建设、精神文明建设、民主法制建设和基层组织建设都面临许多新问题。

从自然约制来看，我国水土资源总体严重缺乏，600多个县人均耕地面积低于0.8亩，有1/3省人均耕地面积少于1亩。北方人地条件虽然相对宽松，但水资源稀缺、灌溉困难，而在施行家庭联产承包责任制、分田到户后，农民的生产积极性虽然提高，但也瓦解了修建超出家庭能力之外所需水利设施的组织依托。[①]许多集体化时期修

---

① 温铁军：《"市场失灵+政府失灵"：双重困境下的"三农"问题》，《读书》，2001年第10期。

建起来的水渠因缺少养护而废弃，许多新的水利设施建设需求因无人组织而搁置，虽然吃穿"不愁"，但也"不佳"。[①]由于大部分内地农村乃至内地县城缺少市场信息、技术及人才储备，乡村企业、乡镇企业办不起来，二、三产业不发达，其结果，一方面当地农村人口"非农化"转移受困、农业规模化经营无从谈起、农民增收困难；另一方面工商业税收极其有限。在20世纪80年代"撤社建乡"改革的背景下，乡镇一级对标上级政府建立相应部门，由于缺少有效约束，20世纪90年代中期部分地区乡镇一级行政人员编制较之过去膨胀10倍有余，其中不少人员还是收受贿赂、安排亲旧的结果；同时，为维持运转，在工商业税源难开的情况下，乡县针对农民的种种"非规范性收入"也急剧增长，尤以中西部贫困地区为严重。尽管这一时期中央政府出台了一系列政策要求降低农民负担，1993年还颁布《中华人民共和国农业法》明确规定向农民收费、罚款、摊派、集资的范围，但许多地方政府"上有政策、下有对策"，农民负担实际并未降低。据相关统计，1999年全国农民直接承担的税费负担总额达1200多亿元，农民人均税负达130余元。[②]另据学

---

① 曹锦清：《黄河边的中国：一个学者对乡村社会的观察与思考》，上海：上海文艺出版社，2000年，第81、114、253页。
② 徐湘林：《"三农"问题困扰下的中国乡村治理》，《战略与管理》，2003年第4期。

者的走访调查，部分中部地区农民实际税负普遍超过10%而甚或有达到30%～40%之剧[①]，农民只要登记入户，就算"人头"，上至耄耋老人，下至襁褓婴儿，都要摊一份税费（而城市户口者则按个人所得税征收，无收入者不在征缴范围内）。在农业增收困难、农民负担沉重之时，部分地区基层干部的野蛮执法和选择性执法进一步激化了干群矛盾，酿成了不少群体性事件。众多税费中，"超生"罚款的征收是矛盾的一大焦点。除开罚款额度的连年增长，在催征过程中出现的"扒房""吊打""连坐"以及对族亲众多、"关系"较硬者的"放过"等现象也反映出这一时期基层干部素质不高、法律意识淡薄乃至干部队伍宗族化、地痞化的危险倾向。[②]1996年后，农业步入一个相对困难时期，农民收入和城镇居民收入差距越拉越大，由于过去农村的基本公共服务产品（医疗、教育、社会保障）是由社队集体通过公共提留等统筹解决，而分田到户后社队集体事实上呈现"空心化"状态，农村一度大面积出现读不起书、看不起病，甚至连五保户都无人管的现象。1997年的亚洲金融风暴、1998年的洪涝灾害都给本已十分脆弱的农业生产造成了巨大损失。于是一方面，许多

---

① 曹锦清：《黄河边的中国：一个学者对乡村社会的观察与思考》，上海：上海文艺出版社，2000年，第64、108页。

② 曹锦清：《黄河边的中国：一个学者对乡村社会的观察与思考》，上海：上海文艺出版社，2000年，第95、182—183、220—221页。

农民抱着"要死也死在城市，下辈子不做农民"的心态弃田抛荒进城；另一方面，一些进城困难的农户被逼到卖血为生，一些地区甚至因此出现"艾滋村"，此外，种植罂粟、抢劫偷盗（如"车匪""路霸"）、拐卖妇女等违法犯罪行为也开始出现，农村治安状况恶化严重。

"三农"问题因而逐渐浮出水面，成为全社会关注的焦点。2000年春天，湖北省监利县棋盘乡党委书记李昌平致信中央领导，信中历数当前农村"盲流如'洪水'"、农民"负担如'泰山'"、基层"债台如'珠峰'"、吃税费"干部如'蝗虫'"等恶劣境况，他忧虑地说道："现在农民真苦，农村真穷，农业真危险。"①由以上可见，"三农"问题不仅仅是一个单纯的农业问题，或是简单的经济问题，而是当时最大的社会问题。②

"多予、少取、放活"

面对"三农"严峻形势，党中央审时度势，从国民经济全局出发，对城乡发展战略和政策导向做出重大调整。2000年3月2日《中共中央国务院关于进行农村税费改革试点工作的通知》中提出："为了保护农村生产力，实现农

---

① 李昌平：《我向总理说实话》，新望主编：《改革30年：经济学文选》（下册），北京：生活·读书·新知三联书店，2008年，第782页。

② 陈桂棣、春桃：《中国农民调查》，北京：人民文学出版社，2004年，第3页。

村经济持续发展和社会稳定，必须注意对农民多给予、少索取，整个国民收入分配要在较长的时间内向农民倾斜，并且要突出地抓好减轻农民负担工作，让农民得到更多的实惠。"2002年1月6日至7日召开的中央农村工作会议进一步强调，新阶段增加农民收入，要有新思路，采取综合措施。总的指导思想是"多予、少取、放活"。中共十六大指出，统筹城乡经济社会发展，建设现代农业，发展农村经济，增加农民收入是全面建设小康社会的重大任务。以此为开端，"三农问题"上升到全党工作重中之重的地位，得到党中央的再三强调。

2003年1月6日，中央农村工作会议在京召开，胡锦涛就解决好农业、农村和农民问题，实现全面建设小康社会的宏伟目标做了重要讲话。2003年3月30日，《中共中央国务院关于切实加强农业基础建设进一步促进农业发展农民增收的若干意见》正式公布。2004年2月8日，21世纪的第一个关于"三农"的中央"一号文件"——《中共中央国务院关于促进农民增加收入若干政策的意见》公布。这是改革开放以来第六个涉农的"一号文件"，此次"一号文件"的重现又一次彰显中共中央对"三农"问题的关切之情。胡锦涛曾谈到工农城乡关系的两个趋向时说："在工业化初始阶段，农业支持工业、为工业提供积累是带有普遍性的趋向；但在工业化达到相当程度以后，工业反哺农业、城市支持农村，实现工业与农业、城市与农村协调发展，也应带有普遍性趋向。我们要坚决把解决好农业、农村、农民问题作为全党工作的重中之重，按照统筹城乡发展的要求，稳定和完善支持农民增收和粮食增产的各项政策措施，加强农业和农村基础设施建设，深化农村税费改革，积极开拓农民增收渠道和途径。要在国家总体实力不断增强的基础上，在深入挖掘农业和农村发展潜力的同时，不断加大对农业发展的支持力度，发挥城市对农村的辐射和带动作用，发挥工业对农业的支持和反哺作用，走城乡互动、工农互促的协调发展道路。"①自此，中央"一号文件"重新锁定"三农"问题。

2005年1月30日，《中共中央国务院关于进一步加强农村工作提高农业综合生产能力若干政策的意见》公布，要求稳定、完善和强化各项支农政策，切实加强农业综合生产能力建设，继续调整农业和农村经济结构，进一步深化农村改革。②2006年2月21日，《中共中央国务院关于推进社会主义新农村建设的若干意见》公布，要求完善强化支农政策，加强基础设施建设，加强农村民主政治建设

---

① 胡锦涛：《关于工农城乡关系的两个趋向》，《胡锦涛文选》第2卷，北京：人民出版社，2016年，第247页。

② 《中共中央国务院关于进一步加强农村工作提高农业综合生产能力若干政策的意见》，中共中央文献研究室：《十六大以来重要文献选编》（中），北京：中央文献出版社，2011年，第517—518页。

和精神文明建设，加快社会事业发展，推进农村综合改革，促进农民持续增收，确保社会主义新农村建设有良好开局。[1]2007年1月29日，《中共中央国务院关于积极发展现代农业扎实推进社会主义新农村建设的若干意见》公布，提出用现代物质条件装备农业，用现代科学技术改造农业，用现代产业体系提升农业，用现代经营形式推进农业，用现代发展理念引领农业，用培养新型农民发展农业。[2]2008年1月30日，《中共中央国务院关于切实加强农业基础建设进一步促进农业发展农民增收的若干意见》公布，提出要走中国特色农业现代化道路，建立以工促农、以城带乡长效机制，形成城乡经济社会发展一体化新格局。[3]

如果说20世纪80年代的5个"一号文件"，重点解决了农村体制上的阻碍，推动了农村生产力大发展，进而为城市经济体制改革创造物质和思想动力的话，那么21世纪初关于"三农"的5个中央"一号文件"，其核心思想

---

① 《中共中央国务院关于推进社会主义新农村建设的若干意见》，中共中央文献研究室：《十六大以来重要文献选编》（下），北京：中央文献出版社，2011年，第140—141页。

② 《中共中央国务院关于积极发展现代农业扎实推进社会主义新农村建设的若干意见》，中共中央文献研究室：《十六大以来重要文献选编》（下），北京：中央文献出版社，2011年，第836页。

③ 《中共中央国务院关于切实加强农业基础建设进一步促进农业发展农民增收的若干意见》，中共中央文献研究室：《十七大以来重要文献选编》（上），北京：中央文献出版社，2011年，第133页。

则是城市支持农村、工业反哺农业，通过一系列"多予、少取、放活"的政策措施，使农民得以休养生息、提高收入，从而推进农民平等平权、农村优先地位和农业更多反哺的实现。在不同的年代背景下，10个中央"一号文件"各有侧重，共同奏响了繁荣农村经济、促进农民增收、推动农村社会发展的气势磅礴的主旋律，是我国城乡社会走向和谐发展、致力于共同繁荣的时代最强音。"多予、少取、放活"6字，言简意赅，意义非凡。

"多予"，就是要增加对农业和农村的投入，加快农村基础设施建设，扩大退耕还林规模，直接增加农民收入。为农民增收创造条件。实行工业反哺农业、城市支持农村的方针，建立以工促农、以城带乡的长效机制。"多予"的提出，意味着公共财政向农村覆盖的开始。具体体现为：一是建立了中央财政支农专项补贴制度，促进农民增收；从2004年开始，中央连续实行了农民收入直补、良种补贴、农机具购置补贴以及农资增支综合直补等"四补贴"政策。2004年国家对农村的直补总计130多亿元，2005年和2006年上升到163亿元和309亿元，2008年更达到了2028亿元。二是实行重点粮食品种最低收购价政策，保障了粮食供给。国家2004年开始在粮食主产区实行这项政策，稳定种粮收益。三是加快农村基础设施投入，改善农村生产生活条件。四是加大了农村科教文卫的投入，促进了农村的全面发展。农村义务教育被全面纳入财政保障范围。自2002年开始，农村逐步推行新型的农村合作医疗制度。2007年农村全面建立了最低生活保障制度。2008年国家对农村各项社会事业的支出比2007年增加了近一倍。[①]

"少取"，就是要推进农村税费改革，切实减轻农民负担，让农民休养生息。实现城乡税赋制度的统一，取消面向农民的各种不合理收费，清理并规范各项涉农收费，切实加强农民负担监督管理。规范政府行为，杜绝乱摊派、乱集资、乱罚款现象，从改革农村税制以及基层行政体制这一源头入手，形成减轻农民负担的长效机制。2000年3月，中共中央、国务院发出《关于进行农村税费改革试点工作的通知》，指出，为了探索建立规范的农村税费制度、从根本上减轻农民负担的有效办法，党中央、国务院决定进行农村税费改革试点。农村税费改革试点的主要内容是：取消乡统筹费、农村教育集资等专门面向农民征收的行政事业性收费和政府性基金、集资；取消屠宰税；取消统一规定的劳动积累工和义务工；调整农业税和农业特产税政策；改革村提留征收使用办法。在改革农村税费的同时，还要抓好改革试点的配套工作。农村税费改革试

---

① 应星：《农户、集体与国家——国家与农民关系的六十年变迁》，北京：中国社会科学出版社，2014年，第128—129页。

点工作要与精简乡镇机构、完善县乡财政体制和健全农民负担监督机制结合进行。转变政府职能，精简机构，压缩人员，量入为出，调整支出结构，减少政府开支。经过试点初见成效后，2003年农村税费改革在全国展开，当年农民负担减轻了30%，2004年下降了50%以上。与此同时，国家也在下决心免征农业税。2004年十届全国人大二次会议宣布了中央关于5年内取消农业税的决定。2005年全国人大常委会做出了废止《中华人民共和国农业税条例》的决定。2006年全面取消农业税后，农民每年减负超过1000亿元。农业税的减免对城乡统筹发展起到了助推作用。

"放活"，从字面上理解，就是要给农民松绑，给农民更多的"自由"，让农村经济活起来。一方面要认真落实党在农村的各项政策，把农民群众的积极性、主动性、创造性充分发挥出来，进一步活跃农村经济，拓宽农民增收渠道；另一方面要搞活农村经营机制，消除体制束缚和政策障碍，给予农民更多的自主权。

坚持"多予、少取、放活"，对于妥善处理工农、城乡关系，缩小城乡差距，构建社会主义和谐社会，加快改变农村经济社会发展滞后的局面，具有非常重要的意义。其基本要求是统筹城乡发展，逐步消除城乡二元结构，形成城乡经济社会发展一体化新格局。

这些年来，中共中央越来越重视"三农问题"，认识到城乡结构长期失衡的严重后果，因而将城乡和谐纳入构建和谐社会建设的实践中。在十七大报告确定"城乡经济社会发展一体化"方向的基础上，2008年中央"一号文件"提出要按照形成城乡经济社会发展一体化新格局的要求，突出加强农业基础建设，积极促进农业稳定发展、农民持续增收，努力保障主要农产品基本供给，切实解决农村民生问题，扎实推进社会主义新农村建设。

二、农民工问题的凸显与应对

在"三农"问题作为事关全面建设小康社会目标实现的重大政治问题被提出的同时，农民工问题也越来越得到党和政府以及全社会的关注。随着市场化改革的推进，农民工逐渐"在加工制造业、建筑业、采掘业及环卫、家政、餐饮等中已占从业人员半数以上"，他们在推动经济社会发展中的贡献逐渐得到各方面的承认，可以说农民进城务工为改变城乡二元结构、解决"三农"问题闯出了一条新路，但农民工却面临着相当突出的现实问题，主要表现为：工资偏低，被拖欠现象严重；劳动时间长，安全条件差；缺乏社会保障，职业病和工伤事故多；培训就业、子女上学、生活居住等方面也存在诸多困难。[①]

提及农民工问题在新闻媒体和各级政府工作中获得空前关注的起始，不能不提到著名的"总理助民工讨薪"事件。2003年10月，国务院总理温家宝到三峡库区考察，了解当地农民收入情况。农家妇女熊德明向总理诉说自己丈夫外出打工的工资已经被拖欠了一年，影响了孩子学费的缴纳。总理当即表示，要亲自为农民工追讨工资，"欠农民的钱一定要还"。尽管在总理过问后，熊德明次日就拿到了丈夫被拖欠的工资，但她丈夫的遭遇在20世纪末至21世纪初的中国并非个例。据统计，2001年底，全国累计拖欠工程款2787亿元，2002年底又急剧攀升至3365亿元，相当于当年建筑和房地产增加值的1/3以上。[②]

由于前期改革尚未根本撼动城乡二元结构，市场化改革的配套措施还未跟上、法制化程度还不高，农民工面临权益受损时，往往"告诉无门"，只能通过"把事情闹大"来维权，由此滋生了大量群体性事件，对社会稳定和经济增长造成了相当大的不良影响。于是，为了长远地维护农民工的合法权益、维护社会公平正义、保持社会和谐稳定，政府势必要更加有为地发挥市场监管的作用，

① 《国务院关于解决农民工问题的若干意见》，《十六大以来重要文献选编》（下），北京：中央文献出版社，2011年，第244—245页。
② 王颖：《中国农民打工调查》，北京：中共中央党校出版社，2005年，第241页。

同时，"总理讨薪"也势必要转变为"依法讨薪""制度保薪"。"总理讨薪"事件后不久，国务院办公厅即下发了《关于切实解决建设领域拖欠工程款问题的通知》，建设部等6部委迅速召开电视电话会议贯彻该通知精神，一场清欠薪运动在各地铺展开来，短短一个多月，根据30个省、直辖市、自治区上报情况，2003年当年拖欠的工资已清缴44.3%，达57.03亿元。根据当时的计划，2003年当年拖欠的工资将在2004年6月底前清完，2003年以前拖欠的农民工工资将在2005年6月底前基本解决。为确保这一目标的实现，中央要求各地方政府在摸清欠款底数的基础上，于2004年6月底前上报三年清欠计划和措施，国务院有关部门将另外组织联合督查组每半年组织一次检查验收。[①]

2004年10月，国务院第68次常务会议通过《劳动保障监察条例》，国务院总理温家宝做出批示，要求各级劳动监察部门及主管单位认真做好宣传解释工作，加强对条例执行工作的正确引导。这一条例提升了1993年原有的《劳动监察规定》的权威性，很好地配合了"三年清欠"运动的实施：该条例明确提出自当年12月1日起，逾期不支付工资的用工单位，最高将加付一倍的赔偿金。条例颁布后，仅2005年至2006年9月，全国劳动保障监

---

① 高丽杨：《清欠进行时——全国建设领域解决拖欠农民工工资问题最新情况报道》，《中国建设信息》，2004年第8期。

察机构就查处违反工资支付和最低工资标准案件22.1万件，责令用人单位补发工资86.6亿元，涉及劳动者1345万人（次）。①2006年1月，国务院常务会议通过《关于解决农民工问题的若干意见》，作为第一份全面系统的中央关于农民工问题的政策文件，该意见对建立农民工工资支付保障制度也做出了重要指示："建立工资支付监控制度和工资保证金制度，从根本上解决拖欠、克扣农民工工资问题。劳动保障部门要重点监控农民工集中的用人单位工资发放情况。对发生过拖欠工资的用人单位，强制在开户银行按期预存工资保证金，实行专户管理。切实解决政府投资项目拖欠工程款问题。所有建设单位都要按照合同约定及时拨付工程款项，建设资金不落实的，有关部门不得发放施工许可证，不得批准开工报告。对重点监控的建筑施工企业实行工资保证金制度。加大对拖欠农民工工资用人单位的处罚力度，对恶意拖欠、情节严重的，可依法责令停业整顿、降低或取消资质，直至吊销营业执照，并对有关人员依法予以制裁。各地方、各单位都要继续加大工资清欠力度，并确保不发生新的拖欠。"②到2009年，以受雇形式从业的外出农民工中，被雇主单位拖欠工资的

---

① 李建、张威、王文珍：《〈劳动保障监察条例〉立法后评估报告》，《中国劳动》，2007年第5期。

② 《国务院关于解决农民工问题的若干意见》，《十六大以来重要文献选编》（下），北京：中央文献出版社，2011年，第247页。

比率已下降到1.8%。①2011年2月，全国人大常委会通过的《刑法》修正案（八），"恶意欠薪"正式入罪，农民工的劳动报酬权有了更有力的保障。

这一时期，农民工问题获得各方关注还有一个重要的、新出现的背景：农民工的代际分化以及在国际金融危机冲击和自身发展要求下的中国经济结构转型。从2003年底起，东南沿海地区尤其是"珠三角"地区开始出现了"民工荒"，仅广东一省，缺口即一度接近200万人，"珠三角"的缺工比例达10%，许多企业被迫停工甚至破产。经过研究，社会学家和经济学家指出，造成"民工荒"现象的直接原因是该地区农民工务工收入偏低且难获保障，而与此同时中央的宏观调控一定程度上改善了农民的务农收入：1997年至2003年，我国大宗农产品价格连续6年下滑，使得农民务农回报接近负值。这对于沿海低端制造业而言构成了近乎无限的劳动力供给，导致劳动力价格几乎完全由资方决定，农民工几无议价能力②——据调查，截至2003年底，12年间"珠三角"农民工月均工资仅提高了68元。③而随着中央向"三农"问题投以关注，

① 张兴华：《农民工工资拖欠的现状、根源与治理》，《经济与管理》，2010年第7期。

② 李强、汤俊芳：《"民工荒"的成因、趋势与对策》，《理论月刊》，2005年第8期。

③ 刘铮：《V与M博弈的启示——"民工荒"彰显和谐社会的制度缺失》，《上海大学学报》（社会科学版），2007年第4期。

一系列旨在改善农民收入的措施得以实施，农业比较收益上升，促使一部分农民工"用脚投票"，回流务农。更深层次的原因是"珠三角"乃至沿海地区主要产业为低技术附加值的劳动密集型企业，此前的高额利润主要依靠压低工资、减少改善劳动条件和给予劳动保障的必要资金来实现。由于低技术、低工资、低保障、劳动条件恶劣，这些企业的雇工流动性极高，这也反过来加剧了企业的短期行为：避免技术培训，也不关注工人权益的保护，而是设法在短期内尽可能地压榨工人的生产能力。[①]作为"理性人"的农民工，自然也有自己的考量。

与此同时，近9000万农民工中，25岁以下的农民工已经占到45%，他们不同于父辈，往往是从学校毕业后直接进入了职业市场，并无务农经历，加上受教育程度高、职业期望高，并不安于在这种没有上升空间又脏、苦、累、差的岗位上工作。[②]而事实上，长期依赖于榨取劳动力的利润模式也不利于经济的持续增长：这不仅导致资本无意向高技术、高风险的新领域拓展，也无意开展职工技术培训，从而透支我国未来经济转型所需要的资金和人力资源，也将极大地削弱农民工及其家庭的消费能力，从而将

---

① 刘林平、万向东、张永宏：《制度短缺与劳工短缺——"民工荒"问题研究》，《中国工业经济》，2006年第8期。

② 王正中：《"民工荒"现象与新生代农民工的理性选择》，《理论学刊》，2006年第9期。

削弱我国经济抵御风险的能力。[①]在2008年国际金融危机爆发后，国外市场受到极大冲击，倘若国内消费市场尚未成熟，则制造业的"寒冬"不仅无可避免，而且可能将无法渡过。2009年的中央"一号文件"即指出，"扩大国内需求，最大潜力在农村"。[②]幸运的是，在金融危机到来之前，"民工荒"提前将我国沿海地区经济发展的这一潜在危机暴露了出来。自2004年中央"一号文件"起，国家即开始强调各级政府要加强对农民工权益的保障并对农民工实施职业培训。2006年《国务院关于解决农民工问题的若干意见》对上述方面的内容做了进一步细化，明确要实施好农村劳动力转移培训阳光工程，大力发展面向农村的职业教育，要落实好农民工培训的责任，"强化用人单位对农民工的岗位培训责任，对不履行培训义务的用人单位，应按国家规定强制提取职工教育培训费，用于政府组织的培训"。[③]

与老一代农民工相比，新一代农民工受教育年限提高，因此职业期望值增高，但他们大多数人所受的教育又不足以

---

① 简新华、张建伟：《从"民工潮"到"民工荒"——农村剩余劳动力有效转移的制度分析》，《人口研究》，2005年第2期。

② 《中共中央国务院关于2009年促进农业稳定发展农民持续增收的若干意见》，国务院法制办公室编：《中华人民共和国三农法典》，北京：中国法制出版社，2016年，第31页。

③ 《国务院关于解决农民工问题的若干意见》，《十六大以来重要文献选编》（下），北京：中央文献出版社，2011年，第247—250页。

支持他们获取白领阶层的工作；在城市高昂的物价水平之下，相对低下的收入水平无法支持他们较高的物质和精神享受需求；他们与乡土关联度降低，却又因为种种结构性限制未能充分融入城市。针对这一新情况，2010年的中央"一号文件"提出，"要采取有针对性的措施，着力解决新生代农民工问题"，要"深化户籍制度改革，加快落实放宽中小城市、小城镇特别是县城和中心镇落户条件的政策，促进符合条件的农业转移人口在城镇落户并享有与当地城镇居民同等的权益。多渠道多形式改善农民工居住条件，鼓励有条件的城市将有稳定职业并在城市居住一定年限的农民工逐步纳入城镇住房保障体系"。[①]面对新一代农民工对城市化的强烈渴望，面对劳动力结构性短缺对经济转型升级的约制，农民工市民化在新世纪，势必要进入新的阶段。

三、新世纪新阶段的城市化

进入21世纪，我国社会面临着许多伴随着改革开放而来的增量问题和过去尚未触及的存量问题，这些问题在相当程度上影响着我国社会的和谐。2006年十六届六中全会

[①]　《中共中央、国务院关于加大统筹城乡发展力度进一步夯实农业农村发展基础的若干意见》，国务院法制办公室编：《中华人民共和国三农法典》，北京：中国法制出版社，2016年，第30页。

通过的《中共中央关于构建社会主义和谐社会若干重大问题的决定》具体而扼要地将这些问题提了出来，主要是：城乡、区域、经济社会发展很不平衡，人口资源环境压力加大；就业、社会保障、收入分配、教育、医疗、住房、安全生产、社会治安等方面关系群众切身利益的问题比较突出；体制机制尚不完善，民主法制还不健全；一些社会成员诚信缺失、道德失范，一些领导干部的素质、能力和作风与新形势新任务的要求还不适应；一些领域的腐败现象仍然比较严重；敌对势力的渗透破坏活动危及国家安全和社会稳定。

总的来说，中国经历着从计划经济脱离到市场经济嵌入的巨大转变——在"脱离嵌入"的过程中，势必存在其他子系统（政治、文化、社会等）衔接、协同转变的问题。[①]反过来讲，这一时期任何一个重大问题的解决，都伴随着整体社会系统的协同转变，城市化问题也不例外。2002年至2012年间，是中国从"脱离嵌入"时代进入市场经济成体系建立时代的关键期，也是中国城乡流动机制形成、中国城市化取得重大进展的关键期。城市化问题是前述一系列问题的集中体现，也是解决这些问题的关键环节：世界各国的发展历程向我们证明了城市是现代经济的

---

① 王春光：《农村流动人口的"半城市化"问题研究》，《社会学研究》，2006年第5期。

中心，也是现代化的中心，它不仅是人流、物流、资金流、信息流的集散地，也是科学技术和文化思想的策源地，城市化的推进过程不仅是经济体制市场化、经济结构现代化的过程，也必然伴随着政治民主化、民主法制化和文化多元化。

据2012年全国农民工监测调查报告抽样调查结果推算，当年全国农民工总量已经达到了2.63亿人，占全国劳动力总量的28.02%。城市化问题在中国的"在地化"主要呈现为农民工市民化的问题，不仅缘于这一群体的庞大，而且也在于，这一弱势群体境遇之变迁更能反映出我国社会建设之发展进程。在农民工的事实转移已经成为不可逆转的大趋势时，国家针对农民工问题的治理逻辑的重点，在这一时期越来越从"管理"倾向于"服务"。

一个典型案例，即2003年由孙志刚案①引发的收容遣送制度的废除。由于这一案例的典型性，我们分析收容遣送制度废除时，不能不通过"谱系学"的方式，不仅追溯其建立、实施、变异的施行过程，还要剖析这一过程中官方、学界、舆论态度的变化，以及这种变化所处之经济、政治、社会背景的变迁。收容遣送源于新中国成立初期，是在特定的历史条件下的产物，从最初对游民的收容

---

① 最初由《南方都市报》报道，题为：《只缺一张暂住证，一大学生竟遭毒打致死》，2003年4月25日。

发展到对外流灾民、流浪乞讨人员的救助、教育、安置和遣返，但在这一时期的收容遣返工作中，反复强调的一点是要"讲清党和政府对他们的关怀，劝阻其及时回乡从事劳动生产，亦动员干部群众，不要歧视讽刺，团结其积极参加生产和恰当安排其生活""经再三教育劝阻失败继续外流的，应适当批评教育，使其安心从事劳动生产"，唯"五类分子及一贯流盗分子逃避劳动外流，应交群众监督劳动"[①]。1982年国务院发布《城市流浪乞讨人员收容遣送办法》的主要目的是救济、教育和安置城市中的流浪者，最初是用来对涌入城市的无业人员和灾民进行收容救济的带有社会福利性质的措施，是一种社会救助和维护城市形象的行为。然而，1992年初，国务院《关于收容遣送工作改革问题的意见》出台后，收容对象被扩大到"三无"人员，即无身份证、暂住证和务工证的流动人员；要求居住3天以上的非本地户口公民办理暂住证，否则视为非法居留，须被收容遣送。据相关资料统计，仅2000年，广东省共收容遣送580000人次，其中85%以上是农民工。[②]2003年3月孙志刚案发生，许多媒体详细报道了这一

---

① 《批转专署民政科关于制止群众盲目外流和收回安置外流人员的报告》，苏州市档案馆藏，档号：H01-002-0210-018。

② 《反思收容制度之述评：现行的收容制度弊端何在》，《南方都市报》（广州），2003年5月27日；转引自于亚梅：《制度变迁与政府偏好》，复旦大学博士学位论文，2011年，第94页。

事件，并曝光了许多同一性质的案件，在社会上掀起了对收容遣送制度的大讨论。同年6月，国务院总理温家宝签署国务院令，公布《城市生活无着的流浪乞讨人员救助管理办法》，标志着《城市流浪乞讨人员收容遣送办法》被废止，收容遣送制度宣告终结，而代之以社会救助办法。收容遣送制度废除后，国家开始集中清理城市中对外来人员的各种限制，外来人口开始大量进入城市。

然而，收容遣送制度存在的制度性不正义何以到了"孙志刚案"才引发舆论热议，进而推进了国家对这一制度进行变革呢？制度变迁理论的主流观点无非认为随着外在条件的变迁，人对于制度外利润的追求行为会诱使其克服原有制度之障碍从而创建新的制度；而当外部利润预期并未大到足以使"理性人"采取制度外行为，或者"理性人"的外部行为并未足以撼动原有制度时，政府偏好就成为制度变迁的关键因素之一。尽管有许多研究试图论证公共空间和社会舆论在收容遣送制度废止这一事件中的作用，但政府在这一转变中的决定性作用显然无法被忽视。有学者很好地对比了孙志刚案发酵、收容遣送制度被废止前管理者和学界对于收容遣送制度的认识：20世纪八九十年代，城市管理部门至多仅从收容遣送制度的微观执行层面（提高执法者素质、严格执行对象等）去反思其完善的可能性，而在这一制度存在之必要性方面则并未出现否定性的倾向。相反，在相关表述中呈现出基于治理能力与庞大治理对象之间矛盾的实用主义的态度，即，为保证城市社会秩序和公共服务供应，这一制度是必要的，并且要通过与其他工作（专项保卫工作、严打追逃工作等）的配合杜绝"屡遣屡返"的问题，而学界这时虽有关于立法正义性的讨论，但篇幅数目相当有限；直至这一事件爆发、国务院确认废止这一制度时，学界的讨论才开始成规模出现，而其结论也更像是对这一"废止"正当性的事后阐释。[①]因此而言，学界的态度似乎并未构成收容遣送制度被废止的关键性促进因素。那么，又如何解释2003年孙案爆发前后政府偏好看似突然的转变？应当说，收容遣送制度在实施过程中的扭曲，中央和高层是看在眼里的，并且也一直试图发文来阻止，如1994年《民政部关于加强收容遣送工作若干问题的通知》、1999年12月《民政部关于切实加强收容遣送管理工作的通知》等均对地方政府擅自扩大收容遣送对象范围和强行收费等方面的问题做出过批评和约束，然而效果并不佳。孙志刚案爆发后，社会舆论陡然成潮固然成为制度变迁的一个契机，但也同样是因为前一阶段分权式改革与唯效率论的弊端已经越来越引起中央政府的重视，如十五大报告提出要建设社会主义法治

---

① 于亚梅：《制度变迁与政府偏好》，复旦大学博士学位论文，2011年，第29—30页。

国家、十六大报告提出要在"效率优先"的同时"兼顾公平"等，收容遣送制度的低效失度也进一步地提醒了决策者关于推进制度建设、转变发展理念的必要性。

收容遣送制度的废除对于农民工市民化进程具有里程碑式的意义。这一制度的废除本身意味着农民进城务工的成本大大降低，农民工不再有随时可能被遣返的惴惴感，在一项2010年开展的广东井镇田野调查中，受访的70后、80后农民工对此仍感触颇深。这一制度的废除还意味着政府整体发展理念转变的明确化。与改善农民工境遇直接相关的有2004年以来的几个中央"一号文件"、2006年的《国务院关于解决农民工问题的若干意见》等，均体现了新时期新阶段政府对公平正义的强调和重视，而2006年十六届六中全会通过的《中共中央关于构建社会主义和谐社会若干重大问题的决定》更是直接提出"建设服务型政府，强化社会管理和公共服务职能"，转变政府职能、寓管理于服务之中上升为党和国家的意志，纳入国家建设总方针、总目标的轨道上来，成为各级政府加强改革和自身建设的奋斗目标和努力方向。

农民工市民化在"市民权"获得这一含义上，主要是指公共服务及社会福利的均等化。以社会保障体系为例，2002年至2012年间，农民工的各项社会保险从无到有，在制度实践上整体推进。2003年4月，国务院颁布《工伤保险条例》；次年6月，劳动和社会保障部发布《关于农民工参加工伤保险的通知》，指出凡与用人单位建立劳动关系的农民工，用人单位必须及时为他们办理参加工伤保险的手续。2006年5月，国家劳动和社会保障部办公厅发布《关于开展农民工参加医疗保险专项扩面行动的通知》，要求全面推进农民工参加医疗保险工作，争取2006年底，农民工参保人数突破2000万。在养老保险方面，2010年1月1日起，《城镇企业职工基本养老保险关系转移接续暂行办法》开始实施，该办法规定，包括农民工在内，养老保险关系可以在跨地区就业时随同转移。各地出现了多种农民工社会保障的发展模式。上海、成都实行相对独立的针对农民工的综合保险；广州、苏州则将农民工的社会保险直接纳入现行城镇职工社会保险体系中，仅在某些项目上缴费费率、基数及待遇有所差别；云南省则实行属地管理，即农民工以农保形式参与社会保障体系。①但总体而言，农民工参与社保比例还不够高，据调查，2009年，外出农民工参加养老保险、医疗保险、工伤保险和失业保险的比例分别为18.2%、29.8%、38.4%和11.3%，其中，雇主或单位为农民工缴纳前述各种城镇社

---

① 徐晶晶：《城市化视阈下我国农民工社会保障制度变迁研究：1978—2010》，安徽师范大学硕士学位论文，2011年，第36—37页。

会保险的比例分别为7.6%、12.2%、21.8%和3.9%。[①]许多用人单位以各种方式规避为农民工投保,比如只为"正式工"购买,或是规定连续工作若干年后以一定现金补偿的方式加入到工资中。有学者在广东井镇的调查中即发现一家120人左右规模的台资厂中,仅三成属正式工,临时工进厂出厂,一般由经纪人直接跟厂里打交道,厂里没有这些工人的详细资料,工资直接发到经纪人手里,工厂更不会同他们签订劳动合同(遑论为其投保),"上门来检查也查不到这批人"。[②]

2002年至2012年,我国经济发展和城市化进程成果显著:2010年,中国超越日本成为世界第二大经济体;2011年,中国城镇化率达到51.27%,在一个几千年来都以农业为主的国家,城镇人口首次超过了农村人口。但与此同时,也面临着许多新的挑战。其一,是遭遇了所谓"刘易斯拐点":劳动力从无限供给到有限剩余、结构性短缺,长远上看,未来20年内即将出现全面短缺。有学者指出,相较发达国家出现拐点时人力资源准备较充足的历史,我国的刘易斯拐点"提前"到来了:"民工荒"倒逼企业进行技术升级,这本是经济结构整体转型之势在必行,但也

---

① 国务院发展研究中心课题组:《农民工市民化进程的总体态势与战略取向》,《改革》,2011年第5期。

② 王红艳:《广东井镇农民工群体素描》,北京:中国社会科学出版社,2013年,第211页。

因此排斥了大量仍需要转移但技术技能相对低下的农村剩余劳动力。农村剩余劳动力转移受阻，又阻碍了城市化的进一步推进。[①]其二，是城镇化质量不高，51.27%的城镇人口比重并不能真实反映我国既有的城市功能供给能力。51.27%的城镇人口中，许多是因为行政区划的改变而一夜之间"农转非"的，"被城市化"了的农业人口并未在市民权方面与原城镇人口真正均等化，纸面上扩张了的"城镇"也未必如设想的那样真正发挥了城市的辐射带动作用。此外，有学者指出，"城镇化"与"城市化"虽一字之差，其在发展思路上的不同也必须予以审思。小城镇遍地开花的模式，最初或许在容纳农业剩余劳动力方面起到过明显的积极作用，但已越来越呈现出外部负效应——在很大程度上抑制了大中小城市的发展，由于小城镇不可能达到该区域城市所集聚的要素和能量，却又因分散人气而削弱了城市的功能，在小城镇发达地区的大中城市，无论规模还是功能都没有得到应有发展，进一步导致了城市供给不足。[②]

"城市，让生活更美好"是2010年上海世博会的主题，从某种程度上而言也是中国进入21世纪以来经济社会

---

① 周丽萍：《中国人口城市化质量研究》，浙江大学博士学位论文，2011年，第41页。
② 洪银兴：《城市功能意义的城市化及其产业支持》，《经济学家》，2003年第2期。

发展的目标：进一步拆除"城乡二元"的制度性藩篱，推进公共服务覆盖面的扩大、社会保障能力的提高，推进农民工市民化，使得经济发展的成果真正为全民共享。

第八章 "推动城乡发展一体化"

中共十八大报告指出，要"推动城乡发展一体化"，强调"加快完善城乡发展一体化体制机制，着力在城乡规划、基础设施、公共服务等方面推进一体化，促进城乡要素平等交换和公共资源均衡配置，形成以工促农、以城带乡、工农互惠、城乡一体的新型工农、城乡关系"。①十八大报告把解决好"三农"问题作为全党工作的重中之重，而城乡发展一体化正是解决"三农"问题的根本途径。党的十八大以后，"新型城镇化战略"提上议程。2013年12月，中央召开城镇化工作会议，强调中国城镇化"稳中求进"、努力实现"人的城镇化"的方针；之后，《国家新型城镇化规划（2014—2020年）》出台，标志着中国城镇化发展的重大转型。党的十九大又做出了实

---

① 胡锦涛：《坚定不移沿着中国特色社会主义道路前进，为全面建成小康社会而奋斗》（2012年11月8日），《胡锦涛文选》（第3卷），北京：人民出版社，2016年，第631页。

施"乡村振兴战略"的重大决策部署，是决胜全面建成小康社会、全面建设社会主义现代化国家的重大历史任务。"乡村振兴战略"对新时代的城乡人口流动必将产生巨大而深远的影响。

一、新型城镇化战略与乡村振兴战略

21世纪头10年，中国城镇化速度在统计数据上突飞猛进，但经学者分析，其中包含不少"虚高"的成分。进入城市的"农民"虽然在物理空间和职业身份上完成了迁移，表现为"城镇化率"的提升，但这部分人口的"市民化"却远未完成。与此同时，这一虚高的城镇化率缺少扎实的产业支撑，伴随着经济结构的调整和经济下行压力的增大，就业形势空前严峻。不少地区因盲目向农村圈地而频现城区"鬼城"，农村则呈现空心化严重、失地农民再就业困难的状况。[①]因此，转变城镇化发展方式势在必行，这意味着：第一，不能再盲目追求城镇化率和城镇化速度；第二，在城镇化稳妥推进的同时，必须下大力气建设好农村。于是，党的十八大、十九大先后提出了新型城镇化战略和乡村振兴战略。随后，分别出台了两项事关城

---

① 陆大道、陈明星：《关于"国家新型城镇化规划（2014—2020）"编制大背景的几点认识》，《地理学报》，2015年第2期。

乡关系前景的宏观性、战略性和基础性的文件:《国家新型城镇化规划（2014—2020年）》和《乡村振兴战略规划（2018—2022年）》。

党的十八大报告提出,要加大统筹城乡发展力度,增强农村发展活力,逐步缩小城乡差距,促进城乡共同繁荣。坚持工业反哺农业、城市支持农村和多予、少取、放活方针,加大强农惠农富农政策力度,让广大农民平等参与现代化进程、共同分享现代化成果。加快发展现代农业,增强农业综合生产能力,确保国家粮食安全和重要农产品有效供给。坚持把国家基础设施建设和社会事业发展重点放在农村,深入推进新农村建设和扶贫开发,全面改善农村生产生活条件。着力促进农民增收,保持农民收入持续较快增长。坚持和完善农村基本经营制度,依法维护农民土地承包经营权、宅基地使用权、集体收益分配权,壮大集体经济实力,发展农民专业合作和股份合作,培育新型经营主体,发展多种形式规模经营,构建集约化、专业化、组织化、社会化相结合的新型农业经营体系。改革征地制度,提高农民在土地增值收益中的分配比例。加快完善城乡发展一体化体制机制,着力在城乡规划、基础设施、公共服务等方面推进一体化,促进城乡要素平等交换和公共资源均衡配置,形成以工促农、以城带乡、工农互惠、城乡一体的新型工农、城乡关系。十八大后,《国家新型城镇化规划（2014—2020年）》正式出台。规划指出，由于自然地理条件限制，我国农村人地关系紧张、水土资源紧缺，在城乡二元体制下，规模经营难以推行、传统生产方式难以改变，这是"三农"问题的根源，因此，必须努力推进农业人口向二、三产业转移，向城镇转移，提高农民人均资源占有量，为发展现代农业腾出空间；为此，以往依靠土地等资源粗放消耗、依靠非均等化基本公共服务压低成本等方式推动城镇化快速发展的模式必须改变。必须扭转土地城镇化将人口城镇化甩在身后、人口城镇化将农民工市民化甩在身后的现状。规划提出，我国改革开放30多年来经济快速增长为城镇化的上述转型提供了良好的物质基础，要努力在规划期内实现1亿左右农业转移人口和其他常住人口在城镇落户，使全体人民共享现代文明成果。①

　　党的十九大以来，"乡村振兴"上升为国家战略。2019年3月8日，习近平总书记在参加十三届全国人大二次会议河南代表团审议时，对"乡村振兴"的内容做出了阐释，"乡村振兴是包括产业振兴、人才振兴、文化振兴、生态振兴、组织振兴的全面振兴，实施乡村振兴战略的总目标是农业农村现代化，总方针是坚持农业农村优先

---

① 《国家新型城镇化规划（2014—2020年）》，http://www.gov.cn/zhengce/2014-03/16/content_2640075.htm，引用日期：2019-08-01。

发展，总要求是产业兴旺、生态宜居、乡风文明、治理有效、生活富裕，制度保障是建立健全城乡融合发展体制机制和政策体系"。2018年，中共中央、国务院印发的《乡村振兴战略规划（2018—2022年）》对构建乡村振兴新格局、加快农业现代化步伐、发展壮大乡村产业、建设生态宜居的美丽乡村、繁荣发展乡村文化、健全现代乡村治理体系等方面分章阐释，并提出了阶段性任务，为未来几年内乡村振兴战略之实施指明了方向。

《乡村振兴战略规划（2018—2022年）》指出，随着我国经济进入新常态，居民消费结构加快升级，中高端、多元化、个性化需求将快速增长，必须加快农业由增产导向转向提质导向。要振兴乡村，必须根据不同村庄的发展现状、区位条件和资源禀赋等分类推进。规划将我国既有乡村主要分为集聚提升类村庄、城郊融合类村庄、特色保护类村庄和搬迁撤并类村庄，除最后一种外，都提到了治理保护生态环境、努力提升基础设施建设、发展休闲旅游的内容。这与我国城市人群旅游需求的转变是息息相关的。近年来，生态旅游、文化旅游的需求日益增长，短期游、周边游、休闲游等模式逐渐获得了大众认可，相应地，除依托著名景点（如周庄古镇、丽江古城、大理洱海、江西庐山等）发展起来的配套性民宿外，也出现了一批以普通农村为依托，专以优质民宿为吸引点的周末游模式，这不能不成为将来乡村振兴战略中一个重要的发展方向。民宿及乡村休闲游也经历了农户独立经营、社会资本引入到文化旅游类企业投资经营的过程。①

农家游这几年的蓬勃发展离不开美丽乡村建设背景下乡村整体生态环境、人居环境和基础设施建设水平的提升，同时也得益于2015年以来我国开展的农村土地征收、集体经营性建设用地入市和宅基地制度3项改革试点。打造文化旅游品牌所需的前期投入（包括房屋改建资金、酒店管理人才培养、品牌营销渠道等），对于并非依托已有著名景点的普通村落的农户而言，独立经营实属困难，势必需要其他方面的支持并将出现基于产权分割的利益分配问题。在此项改革试点之前，由于缺乏有效的用益权实现方式（无法抵押、流转困难、退出无门），农村以宅基地为主的建设用地属于"沉睡资产"，处在大量荒置状态，出现了很多危房、破旧房和"空心村"。据中科院2013年的测算，全国空置宅基地约有1.14亿亩，占全国2.7亿亩宅基地总量的近40%。

前文已述，要在根本上解决"三农"问题，势必要努力提高农民人均资源占有量，使规模经营成为可能，为此，农民在制度上"进入"城市，同时也必然存在"退

---

① 陶虹佼：《乡村振兴战略背景下发展民宿业的路径研究——以江西省为例》，《企业经济》，2018年第10期。

出"农村，尤其是土地（承包地和宅基地）退出的问题。如何在尊重农民自主选择权、保护农民财产权益的同时，建立起合理有序的"两地"有偿使用、流转和退出机制并推进农民市民化就成为地方政府必须想办法解决的问题。重庆市创造了"地票"的方案，即引导权利人自愿将合法的闲置、废弃农村建设用地复垦为耕地等农用地，在保障农村自身建设需求的用地指标之后，节余的部分在重庆农村土地交易所进行公开交易，形成可在全市城乡规划建设范围内使用的地票。远郊区县农村退出的建设用地经过复垦转为耕地，将节余的建设用地指标通过交易转让给主城区与近郊区县；而主城区与近郊区县获得指标，农用地被征转为城市建设用地。截至2017年12月底，全市累计交易地票23.86万亩、469.09亿元。[①]本质而言，这是一种利用地租差异进行"空间置换"，提升远郊土地事实价格的方式。然而，重庆毕竟行政级别高、财政自给度高，且正值"成渝"城市群大发展、建设用地指标需求度高，才能够使上述两种"盘活"方式较为顺利地进行。类似的，在农村土地征收、集体经营性建设用地入市和宅基地制度3项改革试点中的"义乌智慧"所以成形，也是因为地处东部，建设指标稀缺、政府财政雄厚，才能够保证"集地

---

① 陈春、苗梦恬：《乡村振兴视角下欠发达地区宅基地管理改革研究——以重庆为例》，《南方建筑》，2018年第5期。

券"（类似地票）交易价格坚挺、退地建社区（农房换商品房）的资金有充分保障。同样在这次改革中涌现出的"平罗经验"和"余江样板"则一方面在补偿条件方面有所缺憾（譬如农房仅按每平方米120~150元的价格予以补偿），另一方面也出现了后劲不足的窘境。①城乡建设用地增减挂钩、"空间置换"的思路已经在一些地区实现了省内跨县域调节，并取得了一些成效，但也因一省内县域差别有限，很难实现真正意义上的"盘活"，支撑农民市民化的成本。经过总结试点经验，针对这一问题，2018年中央"一号文件"提出建立城乡建设用地增减挂钩节余指标跨省域调剂机制，其所得收益通过支出预算全部用于巩固脱贫攻坚成果和支持乡村振兴战略。此后，国务院办公厅印发了《跨省域补充耕地国家统筹管理办法》和《城乡建设用地增减挂钩节余指标跨省域调剂管理办法》。可以说，这两项改革不仅对于耕地保护与农民市民化意义非凡，它有助于实现土地增值收益从发达地区流向欠发达地区的省际"转移支付"，而且从更深层次而言，这种转移支付必将更多地体现出市场自身的逻辑，即，打破行政壁垒，促进全国范围内城乡、地区间的要素流动。

所谓"城镇化"，不应当单纯地理解为农村人口向城

---

① 余永和：《农村宅基地退出试点改革：模式、困境与对策》，《求实》，2019年第4期。

市的空间性迁移，农民流入城市不是"城镇化"的完成，而只是开始。"城镇化"的根本是"人"的城镇化，是农村人口生活质量的实质性提升，所以一方面应当使已经进入城市的农村人口"市民化"，推进城市公共服务的开放化和均等化；另一方面应当努力建设生活标准"城镇化"的社会主义新农村。就此而言，新型城镇化战略与乡村振兴战略好比鸟之双翼、车之两轮，逻辑上紧密相连，共同指导和统筹未来城乡发展之实践。

二、户籍制度改革与市民化进程的新动态

近年来，我国经济进入新常态，旧产能淘汰、旧产业转型压力较大，同时国际贸易环境进一步恶化，美国特朗普政府发起"贸易战"，扩大内需、推进供给侧改革势在必行，而扩大内需的最大潜力在于城镇化。《国家新型城镇化规划（2014—2020年）》指出，城镇化是保持经济持续健康发展的强大引擎，城镇化水平持续提高，会使更多农民通过转移就业提高收入，通过转为市民享受更好的公共服务，从而使城镇消费群体不断扩大、消费结构不断升级、消费潜力不断释放，也会带来城市基础设施、公共服务设施和住宅建设等巨大投资需求，这将为经济发展提供持续的动力。2018年末我国常住人口城镇化率为59.58%，

而户籍人口城镇化率只有43.37%，不仅远低于发达国家80%的平均水平，也低于人均收入与我国相近的发展中国家60%的平均水平，因而有很大的发展空间。受城乡分割的户籍制度的影响，被数据上统计为城镇人口的部分进城农民工及其随迁家属，并未享受到城镇居民的基本公共服务，其消费水平远低于城镇居民。

党的十八大报告指出，要加快改革户籍制度，有序推进农业转移人口市民化。十八大以后，党和政府在户籍制度方面的改革加快了步伐。2013年的政府工作报告提出加快户籍制度、社会管理改革，为迁徙自由创造制度环境。2013年11月，《中共中央关于全面深化改革若干重大问题的决定》指出，要"创新人口管理，加快户籍制度改革，全面放开建制镇和小城市落户限制，有序放开中等城市落户限制，合理确定大城市落户条件，严格控制特大城市人口规模"[①]。经过近一年的酝酿，2014年7月24日，《国务院关于进一步推进户籍制度改革的意见》正式发布。意见规定，要进一步调整户口迁移政策，统一城乡户口登记制度，全面实施居住证制度，加快建设和共享国家人口基础信息库，稳步推进义务教育、就业服务、基本养老、基本医疗卫生、住房保障等城镇基本公共服务覆盖全部常住人

---

① 《中共中央关于全面深化改革若干重大问题的决定》（2013年11月12日），《十八大以来重要文献选编》（上），北京：中央文献出版社，2014年，第525页。

口。到2020年，基本建立与全面建成小康社会相适应，有效支撑社会管理和公共服务，依法保障公民权利，以人为本、科学高效、规范有序的新型户籍制度，努力实现1亿左右农业转移人口和其他常住人口在城镇落户。①意见进一步调整户口迁移政策，具体包括：全面放开建制镇和小城市落户限制、有序放开中等城市落户限制、合理确定大城市落户条件、严格控制特大城市人口规模、有效解决户口迁移中的重点问题。

深化户籍制度改革，确是涉及亿万农业转移人口的一项重大举措，对于推动城乡一体化发展具有重大的意义。自改革开放以来，我国社会发展过程中城乡差距日益扩大。一方面，现代化的都市飞速发展；另一方面，广大农村地区却日渐凋敝。究其原因，以原户籍制度为核心的城乡二元体制在这个过程中扮演了重要角色。城乡割裂限制了社会资源合理配置，使得优势资源聚集在城市，向城市居民倾斜，而广大农村公共资源匮乏，即使是生活在城市的非户籍人员在享受城市优质公共资源时也受到了种种限制。户籍制度改革的最新阶段更加强调基本公共服务均等化，不断扩大教育、医疗、养老、住房保障等基本公共服

---

① 《国务院关于进一步推进户籍制度改革的意见》，中共中央文献研究室编：《十八大以来重要文献选编》（中），北京：中央文献出版社，2016年，第28—29页。

务覆盖面。新出的系列举措有利于优化公共资源配置，推动城乡一体化发展。目前户籍制度改革的最新进展是宣布全面放开建制镇及小城市户口，这意味着今后我国阻碍人口流动的制度性障碍不是设在城乡之间，而是设在小城镇和大城市之间。意见指出，城区人口在300万～500万的城市，可结合本地实际，建立积分落户制度。这本是顺应户籍改革、推进公共服务均等化改革的一项举措，却在实施中一度成为各二、三线城市"抢人大战"的工具：赋分偏重学历、技术、投资，社保、居住年限、守信记录等占比偏轻，积分落户实质转变为以"户口"的隐形福利作为人才引进承诺，这显然违背了积分落户改革的初衷，加大了普通劳动者落户的难度。

针对上述情况，户籍改革步伐也在进一步推进。2016年1月1日起，《居住证暂行条例》正式实施，条例明确规定：公民离开常住户口所在地，到其他城市居住半年以上，凡符合合法稳定就业、合法稳定住所或连续就读条件之一的，可以依照条例规定申请居住证。条例规定的居住证持有者在基本公共服务及便利方面，较之过去已有大幅提高。条例规定，居住证持有人在居住地依法享受劳动就业，参加社会保险，缴存、提取和使用住房公积金的权利；县级以上人民政府及其有关部门应当为居住证持有人提供下列含义务教育、法律援助、基本公共卫生服务、基本公共就业服务等在内的多项服务。①2016年10月，国务院办公厅发布《关于印发推动1亿非户籍人口在城市落户方案的通知》，要求存量优先，带动增量，统筹设计协同推进，分超大城市、特大城市、大中城市3类阶梯式拓宽落户条件，除超大城市外全面放宽农业转移人口落户条件。通知提出，要全面放开重点群体落户限制，以农村学生升学和参军进入城镇的人口、在城镇就业居住5年以上和举家迁徙的农业转移人口以及新生代农民工为重点，促进有能力在城镇稳定就业和生活的转移人口举家进城落户。超大城市和特大城市要以具有合法稳定就业和合法稳定住所（含租赁）、参加社保年限、连续居住年限等为主要依据，并按城区分类制定落户政策，大中城市不得依据购买房屋、投资纳税等设置落户条件，城区常住人口300万以下城市不得采取积分落户方式。《2019年新型城镇化建设重点任务》进一步明确，超大、特大城市要调整完善积分落户政策，大幅增加落户规模、精简积分项目，确保社保缴纳年限和居住年限分数占主要比例；要确保有落户意愿的未落户常住人口均持有居住证，鼓励各地区扩大居住证附加的公共服务和便利项目。作为《国家新型城镇化规划（2014—2020年）》的阶段性文件，该文件进一步明确了推进常住人口基本公共服务全覆盖的要点，在各

---

① 《国务院关于进一步推进户籍制度改革的意见》，中共中央文献研究室编：《十八大以来重要文献选编》（中），北京：中央文献出版社，2016年，第31页。

项服务中强调了要在随迁子女较多的城市加大教育资源供给、实现公办学校普遍向随迁子女开放，完善随迁子女在流入地参加高考的政策。江苏、重庆、四川、黑龙江、云南等15地对异地高考做出了明文规定，新疆还提出了具体时限，规定"随迁子女在当地连续就学满4年以上、父母参加社会保险满3年为异地中高考的基本条件"①。文件还提出要深化落实支持农业转移人口市民化的财政政策，在安排中央和省级财政转移支付时更多考虑农业转移人口落户数量，2019年继续安排中央财政奖励资金支持落户较多地区。

新时代以来的城镇化进程进一步明确了"以人为本，公平共享"的原则，并在"互联网+"的背景下创新人口信息管理制度，完善公共服务异地接续与补贴，更加强调健全城镇化工作的协调机制与地方落实结合程度提升，为迁移人口市民化进程提供坚实的保障。相信城乡二元结构能够在不远的将来彻底破除，城市内部二元结构的矛盾也将彻底化解。

三、城市化空间布局与城市发展新前景

法国经济学家弗朗索瓦·佩鲁提出的"增长极理

---

① 陈敬梅：《新疆户籍制度改革：随迁子女可逐步在当地高考》，亚心网讯，http://news.ifeng.com/a/20141020/42249433_0.shtml，引用日期：2019-08-02。

论"，自20世纪80年代传入我国以后，很快被理论界所接受，并消化发展为"发展轴（带）"概念[①]，逐步进入国家国土空间开发的战略布局之中。2011年，经过多年酝酿的《全国主体功能区规划》正式发布，提出了"两横三纵"的城镇化战略格局[②]；2014年发布的《国家新型城镇化规划（2014—2020年）》进一步确认了这一布局，提出要按照统筹规划、合理布局、分工协作、以大带小的原则，发展集聚效率高、辐射作用大、城镇体系优、功能互补强的城市群，使之成为支撑全国经济增长、促进区域协调发展、参与国际竞争合作的重要平台。

经过多年发展，我国城市群建设目前已初见成效，除长三角、珠三角和京津冀3个超大体量城市群外，还涌现出了中原、辽中南、成渝地区等多个初具规模的城市群。2019年上半年，中国发展研究基金会在京发布了《中国城市群一体化报告》，对我国12个大型城市群[③]一体化水平进行了评估，涵盖了157个地级以上城市。报告以ACEP指

[①] 安虎森：《增长极理论评述》，《南开经济研究》，1997年第1期。

[②] "两横三纵"的含义是：以路桥通道、沿长江通道为两条横轴，以沿海、京哈京广、包昆通道为3条纵轴，以轴线上城市群和节点城市为依托、其他城镇化地区为重要组成部分，大中小城市和小城镇协调发展的格局。

[③] 即长三角、珠三角、京津冀、山东半岛、中原、海西（台湾海峡西岸）、成渝、辽中南、哈长、长株潭、武汉和关中城市群。

数①为测量指标进行考察，结果表明，珠三角和长三角一体化程度稳居第一梯队，2015年，该项指数分别为61.58和56.79，而同属三大城市群的京津冀地区一体化程度不到珠三角的60%（如图1）。

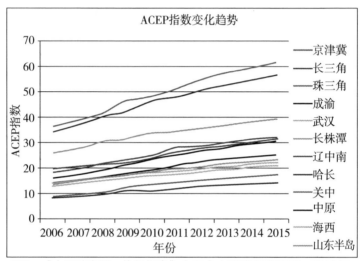

图1 《中国城市群一体化报告》中12个大型城市群2006—2015年ACEP指数变化趋势

　　京津冀、珠三角、长三角等三大城市群共享着相近的地缘文化，拥有相当通达的交通连接，在产业上也形成了

---

① A（经济集聚度），用城市群区域占全国经济的比重与区域经济密度（地区经济产出与该地区国土面积之比）的乘积表示；C（区域连接性），用区域交通网络的实际使用（客流和物流）的密度来衡量；E（经济均等化），用1减去区域内各城市的人均GDP基尼系数来表示；P（政策协同性），用1减去区域内部人均财政支出的基尼系数来反映制度和政策协同难易程度，值越高表明协同障碍越小。整体而言，ACEP指数越高，表明区域一体化程度越高。

相当紧密的合作关系，具有打造成世界级城市群的潜力，也引领着我国城市群发展的浪潮，对其他城市群的发展具有指导性意义。近一两年来，三大城市群发展也出现了许多新的亮点。

2017年4月，雄安新区这一国家级新区获批成立，为京津冀一体化进程加入了重要变量。从地理位置上看，雄安新区距北京市中心和天津市中心均为100公里，随着北京城市副中心的东迁，新成立的雄安新区能够与京、津在空间上形成一个结构完美的三角形。"京津冀地区发展的焦点是北京，重点是河北，难点是三地协同"，京津冀地区刚过30分的ACEP指数即主要缘于河北与京、津的巨大发展差距。北京作为首都、天津作为直辖市，其较高的行政级别和丰富的教育、医疗、就业等资源对于河北而言形成了巨大的虹吸效应，尤其在人力资源方面，河北相较京津存在断崖式差距。专家指出，随着雄安新区作为国家级新区的成立以及对北京非首都功能的承接，其有望成为河北经济社会发展新的"增长极"，从而有望在相当大程度上弥合两市一省在经济、社会和体制方面的差距。[1]就较近的将来而言，京津冀三地的连接度随着《河北省综合交

---

① 本刊编辑部，肖金成、郭克莎、陆军、刘秉镰、李兰冰、殷存毅、田学斌、张贵、周密、孙哲：《雄安新区战略发展的路径选择——"雄安新区与京津冀协同发展：理论及政策"高端论坛专家发言摘编》（上），《经济与管理》，2017年第3期。

通运输体系发展"十三五"规划》的落实（到2020年基本形成城际高铁网，2022年城际高铁全通车）能够有相当大幅度的提升，但三地府际关系仍将成为推进一体化进程的主要突破点。

珠三角地区是迎着改革开放春风发展起来的，一直走在改革开放的前沿，在《中国城市群一体化报告》中，珠三角城市群也是ACEP指数最高的。近年来，随着"一带一路"的提出，珠三角城市群迎来了发展的新机遇——推进与香港、澳门结合的"大湾区"建设。2017年全国"两会"的《政府工作报告》中，提出"研究制定粤港澳大湾区城市群发展规划"，"大湾区"建设上升为国家战略；2017年7月1日，习近平总书记出席《深化粤港澳合作 推进大湾区建设框架协议》签署仪式；2018年10月，港珠澳大桥正式通车，珠江西岸城市汇入香港两小时到达圈；2019年2月，中共中央、国务院印发《粤港澳大湾区发展规划纲要》，7月，广东省推进粤港澳大湾区建设领导小组印发《广东省推进粤港澳大湾区建设三年行动计划（2018—2020年）》，明确了大湾区建设的"三步走"规划，包括9个方面100条重点举措。粤港澳地区经济实力雄厚，产业体系完备，同时拥有较之长三角城市群更强的经济互补性，是我国开放程度最高、经济最活跃的地区。大湾区建设的推进落实，还能将"一国两制"实践推进到更深层次,在经济协作中,强化港澳与内地在政治、文化、社会方面的交流与联系。与此同时,也应该看到,粤港澳大湾区的一体化面临着较其他城市群更为独特的挑战。粤港澳社会制度、法律制度不同,分属不同关税区域,随着国际形势不确定因素的增多,还可能存在一定的干扰因素,因此必须明确推进"一国两制"的根本在于坚持"一国",从而真正实现大湾区一体化。

长三角城市群是我国经济总量最大、人口规模最众的城市群,是长江经济带的引领发展区。长三角地区内部经济发展差异较小、县域经济发达、城镇体系完备,大中小城市齐全,同时各具特色的小城镇分布其间,与周边城市联系紧密,城镇分布密度达到每万平方公里80多个,在构建城镇体系方面,长三角的经验足资全国借鉴。与此同时,长三角地区一体化进程在近10年间推进速度相对缓慢,省级政府间公共支出水平差异较大,《中国城市群一体化报告》指出,从人均财政支出基尼系数看,长三角的这一指数仅高于京津冀地区,居12个城市群中倒数第二;作为对标同为世界级城市群的核心城市,上海较之纽约、东京、伦敦等在国际竞争力和国际化程度上还很不够;同时,长三角地区各城市间分工协作不够,低水平同质化竞争严重;江苏北部、长三角城市群安徽部分发展相对滞后,轨道交通建设也较为落后。针对这些问题,依据《国家新型城镇化规划（2014—2020年）》《长江经济带发展规划纲要》《全国主体功能区规划》等先期规划，2016年5月，国务院常务会议通过了《长江三角洲城市群发展规划》（规划期为2016—2020年）。规划提出要构建"一核五圈四带"的网络化空间格局，并对长三角城市群产业合作及产业结构发展方向、省际公共服务一体化、城市间立体交通网络发展等多方面做出了原则规定，为长三角城市群的下一步发展指明了方向。

"安全与幸福"早在亚里士多德那里就被定义为城邦的目的和意义，2010年上海世博会"城市，让生活更美好"（Better City，Better Life）的主题及其圆满举办，向世界宣告了中国拥抱城市化的态度，表达了中国对城市化发展方向的思考。城镇化是人类文明进步的产物，是社会化大生产时代的硕果。根本破除城乡二元结构、根本解决城市化过程中出现的问题，最终仰赖于经济空间中作为增长中心的城市的发展。正如《国家新型城镇化规划（2014—2020年）》中展望的那样，随着城镇经济的繁荣、城镇功能的完善，公共服务水平和生态环境质量的提升，人们的物质生活会更加殷实充裕，精神生活会更加丰富多彩，全体人民将共享现代文明成果。

结　语

回顾历史，自晚清以来，基于土地私有制下农民失地等原因，大量的农民离村与进城一直是一个十分严重的社会问题。新中国成立后，土地所有制发生了根本性变化，但农民离村与进城始终是一个困扰政府的社会问题。特别是新中国成立前10年间，曾引发了大规模的农村人口向城市流动的高潮，对城市的就业、基础设施建设以及居民生活等社会管理问题产生了多方面的影响。从一个长时段的历时性视野看，新中国初期的农民进城问题有着鲜明的时代特色，凝聚着当时社会制度的底色。在这个极为重要且具有鲜明特征的历史时期所演绎的历史图景及其塑造出的制度结构，至今仍然以正式或者非正式的方式规制着当下中国社会的运行逻辑。

改革开放以来的城乡流动，主要表现为农村优质资源向城市单方向的流动。农村流向城市的人口总体表现为性别比高，年龄构成轻，未婚比重大，文化素质比流出地人口高但比流入地人口低的特点。这些特点对中国农村发展与城市建设影响较大。对农村社会变迁而言，由于年轻人大多外出打工，使农村常住人口呈现少年和老年人多，青壮年少的状况也使农村部分地区出现了劳动力短缺的问题；年轻人或受教育程度较高的人口离开农村，使得流出地农村常住人口的文化程度明显下降；农村劳动力向城市转移的男性多于女性，使农村社会人口的性别比例严重失衡，还有一种也要引起重视的情况，农民流动很少全家流动，因此农民流动也在农村社会制造了大量结构不完整的家庭。在这种家庭中，常常夫妻分居，父母与子女分离。既影响家庭和谐，又引发了更多的留守子女教育与农村老人赡养等问题。

当然，城乡流动的积极影响是主要的。在农民进城打工的过程中，农民群体发生了分化：一类是在城里站住脚，并占有生产资料且有能力雇用他人的业主；一类是占有少量资本的自我雇用的个体工商户；还有一类是完全依赖打工的民工。换言之，他们已分化为通常所说的老板、小老板和打工仔。成为老板、小老板的农民不再是传统意义上的农民，他们可能跻身于城镇的中上阶层，在居住条件、物质生活、教育等方面，他们不仅高于农村居民，而且可能高于普通城镇居民，他们已经不是普通的农民工，而是还没有得到社会承认、制度认可的城镇居民。而作为打工仔的农民工，无论在居住条件、物质生活、教育等方面相对都较差，是城镇中的贫困群体；但与留守农村的大部分未外出农民比，他们的收入又要高一些。对大部分农村的大多数家庭而言，外出打工的收入已经是家庭经济的最重要来源。因此，流动农民的这种分化对农村社会成员及家庭的分化具有非常直接的重要影响。长期在城市中工作、居住和生活，使农民受到现代城市文明的辐射。城乡流动不是农民简单地在地区间的流动，也不是劳动方式的简单转换，它是两种文化的碰撞、两种生活方式的激变，同时也是传统与现代的过渡和飞跃。外出就业是外界特别是城市生活方式向农村渗透并进而改变农村传统生活方式的重要途径，在这一过程中，流动农民及其回流者发挥着载体的功能。同流动前相比，外出过的人特别是年轻人在穿着打扮等外在形象方面变化非常明显。由于长期在外生活，他们的生活习惯也有所改变，在个人卫生、饮食口味以及家庭的装饰、布置等方面更加讲究，不同程度地受到了城市的影响。而外出者的穿着打扮、言谈举止对从未外出过的人尤其对年轻人有示范作用。这样，乡村虽然依旧，但生活方式已发生了很大的变化，在逐渐地与城市生活方式靠拢。总之，流动农民除了不同程度地改善了自己的经济地位之外，还在思想观念、心理、行为等方面发生很大的变化，使他们逐渐从传统走向现代。农民的现代性也会逐步提升农村现代化水平。

流动农民中的部分返乡创业，给农村社会带来了新的结构元素，是农村社会向工业化、城镇化发展的重要动力源。乡村工业化、城镇化问题是当前中国社会向前发展的重要一环。

当前，我国的发展整体上已具备 "工业反哺农业，城市支持农村发展"的条件，但要真正实现城乡互动发展，而不是城市剥夺农村发展机会的不均衡发展，尚需要建立一整套促使城乡流动的良性机制。沿袭至今的城乡二元社会管理体制已经不适应当前中国社会的发展。改革开放以来，越来越多的农民进了城，进城农民反映着当今农村社会结构变迁的特点，农民不再是很好界定的同质性群体，而是多元的、异质的。如果将持有农村户口的人界定为农民，那么太多的在城农民实际上已经不再将自己的身份认同为农民，他们事实上已经完成了身份和职业的转换，但制度和体制并没有认可，他们处于比较尴尬的地位，他们无法脱离农村，却又没有生活在农村，处于城市社会结构的边缘。在当前的社会管理中，解放思想观念，正确认识农民群体的多元性与异质性，完善农民进城的政策机制及其相关地方政令，势在必行。

值得欣慰的是，党中央以巨大的政治勇气和强烈的责任担当，直面现实问题，中共十九大报告指出中国特色社会主义进入新时代，我国社会主要矛盾已经转化为人民日益增长的美好生活需要和不平衡不充分的发展之间的矛盾。十九大报告进一步指出，中国社会在发展中也出现了严重的不平衡状态，这种不平衡主要体现在城乡社会发展的不平衡、区域社会发展之间的不平衡、收入差距之间的不平衡。的确，新中国70年来，我国稳定解决了十几亿人的温饱问题，总体上实现小康，不久将全面建成小康社会，人民美好生活需要日益广泛，不仅对物质文化生活提出了更高要求，而且在民主、法治、公平、正义、安全、环境等方面的要求日益增长。同时，我国社会生产力水平总体上显著提高，社会生产能力在很多方面进入世界前列，更加突出的问题是发展不平衡不充分，这已经成为满足人民日益增长的美好生活需要的主要制约因素。

近些年来，国家制定了一系列的策略，如城镇化战略与新农村建设、乡村振兴战略，应视为解决问题的重要对策。城镇化战略与新农村建设、乡村振兴战略应相偕而行。农民流动给农村带来了新的结构性因素，应因势利导，创造条件，使这些宝贵的新结构性元素成为农村社会发展的新动力。推进城镇化，核心是人的城镇化，农民工在城乡两地之间流动、农民工与城市市民的隔离与疏远、农民工不能很好融入城市社会，大大延缓了我国新型城镇化进程。这需要稳步推进住房政策改革、就业体制改革、教育体制改革、社会保障制度等方面的改革，使农民工与城市的市民同等享受各种社会保障待遇，解决农民工后顾之忧，改善长期存在的城乡二元结构体制，引导乡村居民合理、有序、稳步地定居城市，而不是年复一年地在城乡间流动，这样既可以减少城市居民与流动人口的矛盾，也可以减少人口持续流动所导致的社会效率损失，使农民工与广大民众一起共同实现"美好生活"的愿望。

后 记

　　"到城里去"，可能是大多数农村人的梦想。1949年以后，农村人进城的步伐走走停停，直至改革开放后，中国社会迎来了历史性的发展机遇，农村人进城的步伐变得越来越快，截至2019年底，已有2.86亿农村人进城，中国城乡流动与城乡结构发生了翻天覆地的变化。作者目睹这一翻天覆地的变化，着意记之，愿以本书的微薄之力，为新时代的城乡流动提供历史上的经验教训。

　　本书在写作的过程中，我的学生付出了很多的辛劳。何成云参与了第三章与第八章第三节的撰写以及部分书稿的修改工作，倪梦琪、李青青为本书做了大量的资料搜集与校对工作。谢谢他们！

　　由于时间太仓促，本书的缺点与不足是难免的，就权作引玉之砖，期待学界的批评与指正！

宋学勤

2019年8月11日